ALTO

CW00518888

# LE FRANÇAIS?
# OUI, MERCI

## Plus de 1000 mots
### avec jeux et exercices

**EUROPEAN LANGUAGE INSTITUTE**

© ELI - European Language Institute s.r.l.
B.P. 6 - Recanati - Italie - 1987
Imprimé en Italie par Tecnostampa s.r.l. - Loreto - 1987

Le volume **Français? Oui, merci** est un complément des revues en bandes dessinées publiées par E.L.I, et suit fidèlement le but didactique initial, c'est-à-dire, enseigner les langues d'une manière agréable et amusante. Ce livre divertissant et efficace en même temps a été préparé par un groupe d'experts en didactique linguistique et ne doit pas être considéré comme un cours de français mais comme un manuel didactique particulièrement utile pour l'enseignement du vocabulaire. Vingt grandes tables illustrées présentent les principaux aspects de la vie quotidienne, de la maison à la ville, des métiers aux animaux, etc. A la suite de chaque table, une page comprenant un petit glossaire illustré qui se rapporte surtout aux verbes et aux adjectifs, propose des exercices d'application et des jeux divers, basés sur l'utilisation du vocabulaire illustré de la table précédente.

L'enseignement moderne des langues donne de plus en plus d'importance à la visualisation, convaincu qu'un vocabulaire illustré se mémorise plus rapidement qu'un simple mot accompagné d'une définition. Grâce à cette conception didactique, ce livre peut être utilisé par l'élève, chez lui, surtout pendant les vacances, et représente un exercice de révision utile et agréable en même temps.

Donc, **Français? Oui, merci** est une méthode idéale pour l'usage extra-scolaire, car elle n'impose pas un ordre progressif d'exercices, mais laisse une grande liberté selon les intérêts et les nécessités de chaque lecteur. Les solutions peuvent être contrôlées à la dernière page.

# LA NATURE

le sommet

la neige

la montagne

les roches

la pente

la colline

le lac

le village

la baie

le ruisseau

la cascade

la plage

la rivière

les champs cultivés

le chemin de campagne

les arbres

la haie

les fleurs

les feuilles

les pré

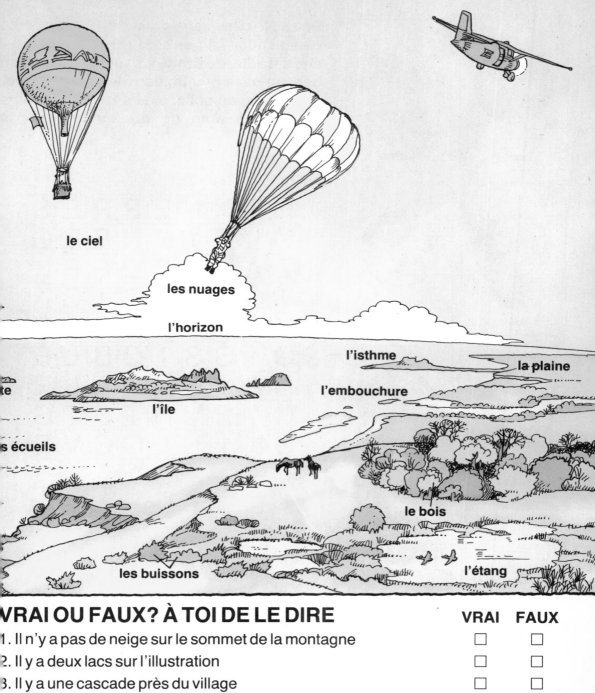

le ciel

les nuages

l'horizon

l'isthme

la plaine

l'embouchure

l'île

s écueils

le bois

les buissons

l'étang

## VRAI OU FAUX? À TOI DE LE DIRE

|  | VRAI | FAUX |
|---|---|---|
| 1. Il n'y a pas de neige sur le sommet de la montagne | ☐ | ☐ |
| 2. Il y a deux lacs sur l'illustration | ☐ | ☐ |
| 3. Il y a une cascade près du village | ☐ | ☐ |
| 4. Il y a des fleurs sur la plage | ☐ | ☐ |
| 5. Il y a une île | ☐ | ☐ |
| 6. Il n'y a pas de buissons dans la campagne | ☐ | ☐ |
| 7. Il n'y a pas de rivière près du village | ☐ | ☐ |
| 8. La colline est plus haute que la montagne | ☐ | ☐ |
| 9. Le long de la côte il y a des écueils | ☐ | ☐ |

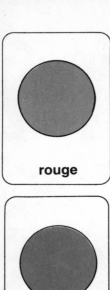

**rouge**

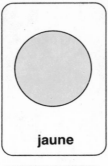

**jaune**

Retrouve dans cette grille les 19 mots écrits ci-dessous. Tu peux les chercher de gauche à droite, de droite à gauche, de haut en bas, de bas en haut, dans le sens horizontal, vertical ou oblique. Les lettres restantes forment le nom de quelque chose de très...froid!

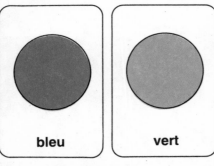

**bleu**          **vert**

| N | E | T | N | E | P | R | E | S |
|---|---|---|---|---|---|---|---|---|
| O | L | E | I | C | N | E | E | G |
| Z | A | M | L | E | D | E | E | N |
| I | C | M | E | A | G | I | G | A |
| R | R | O | C | H | E | A | A | T |
| O | I | S | S | I | O | B | L | E |
| H | A | I | E | N | I | A | L | P |
| C | I | E | M | H | T | S | I | G |
| E | N | I | L | L | O | C | V | E |

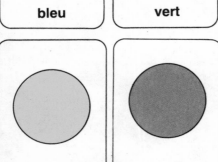

**rose**          **marron**

☐ bois              ☐ ciel

☐ cascade          ☐ plaine

☐ baie             ☐ lac

☐ sommet           ☐ horizon

☐ plage            ☐ pente

☐ village          ☐ isthme

☐ roche            ☐ colline

☐ étang            ☐ prés

☐ île              ☐ haie

☐ air

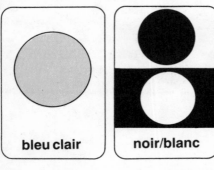

**bleu clair**     **noir/blanc**

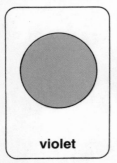

**violet**

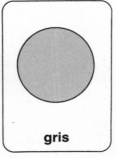

**gris**

_ _ _ _ _ _

8

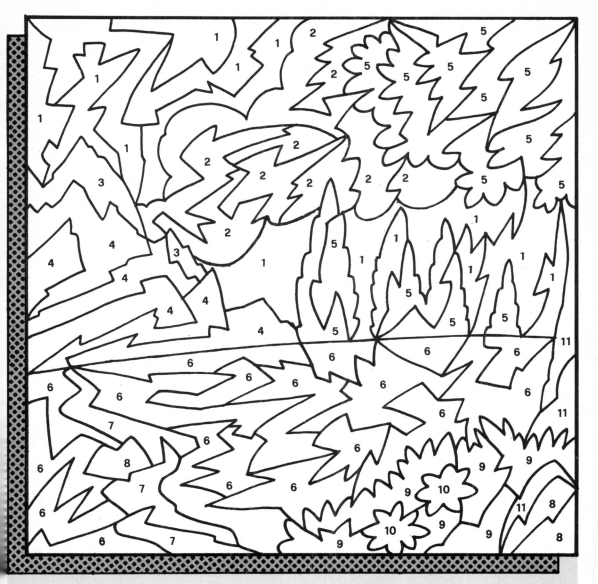

**Colorie les différentes parties du dessin avec la couleur qui correspond au numéro proposé:** *1. bleu, 2. rose, 3. blanc, 4. violet, 5. vert, 6. marron, 7. bleu clair, 8. gris, 9. jaune, 10. rouge, 11. noir.*
**Décris le dessin qui apparaîtra, en utilisant les mots proposés.**

Le ciel est _ _ _ _ _

Les _ _ _ _ _ _ _ sont verts

La neige _ _ _ _ _ _ _ _ _ _ _

Les _ _ _ _ _ _ _ sont
_ _ _ _ _

Les montagnes _ _ _ _ _
_ _ _ _ _ _ _ _ _ _

Les roches sont _ _ _ _ _ _ _

Les _ _ _ _ _ _ _ _ _ sont
_ _ _ _ _ _

Les _ _ _ _ _ _ _ sont
_ _ _ _ _

# LA VILLE

l'antenne

le gratte-ciel

l'autoroute

le clocher

la tour

l'église

la mairie

les marches

l'enseigne

le kiosque

le trottoir

la maison

le magasin

la pompe à essence

le cimetière

la vitrine

les panneaux de signalisation

l'école

**Complète les phrases suivantes en utilisant le vocabulaire de cette page.**

1. Lorsque tu dois prendre le train tu vas à __ __  __ __ __ __ __

2. Tu vas au __ __ __ __ __ __ __ __  pour voir un spectacle

3. Il est plus prudent de traverser la rue sur __ __  __ __ __ __ __ __ __ __  __ __ __ __ __ __

4. Les piétons marchent sur le __ __ __ __ __ __ __ __

5. __' __ __ __ __ __ __ __ __ est sur le toit de la maison.

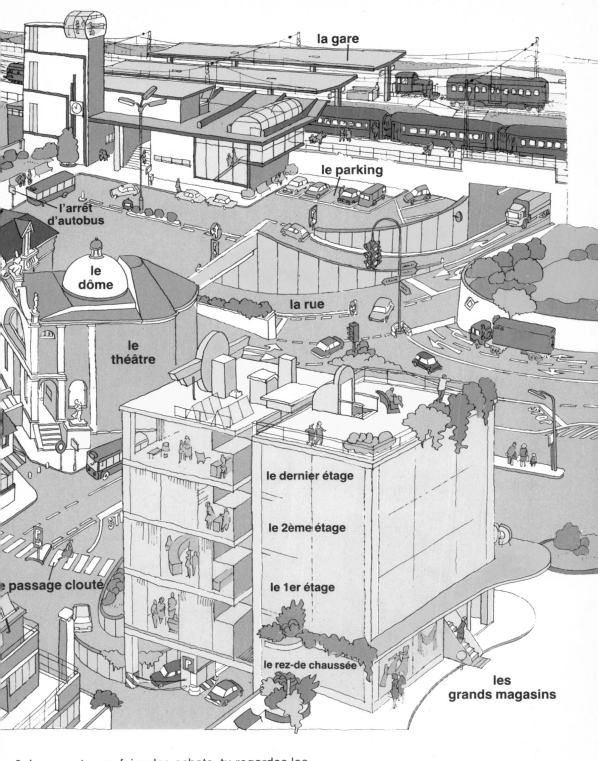

la gare

le parking

l'arrêt d'autobus

le dôme

la rue

le théâtre

le dernier étage

le 2ème étage

le 1er étage

le passage clouté

le rez-de chaussée

les grands magasins

6. Lorsque tu vas faire des achats, tu regardes les _ _ _ _ _ _ _ _

7. Les journaux sont vendus au _ _ _ _ _ _ _

8. Le gratte-ciel est un immeuble qui a beaucoup _'_ _ _ _ _ _

9. Les gens se marient à _ _ _ _ _ _ _ _

10. Lorsque tu n'as plus d'essence, tu vas à _ _ _ _ _ _ _ _ _ _ _ _ _ _ _ _ _

**marcher**

**courir**

**photographier**

**visiter un musée**

**attendre**

**rencontrer (une personne)**

**parquer la voiture**

**traverser**

**jeter au panier**

**poster une lettre**

## Ouvre l'œil et le bon!

Retrouve dans cette grille les 25 mots écrits ci-dessous. Tu peux les chercher de gauche à droite, de droite à gauche, dans le sens vertical, horizontal ou oblique, de haut en bas et de bas en haut! Les lettres restantes forment le nom d'un objet important pour un automobiliste.

| P | M | P | N | I | S | A | G | A | M | O | E |
|---|---|---|---|---|---|---|---|---|---|---|---|
| G | R | A | T | T | E | C | I | E | L | R | M |
| A | U | N | I | G | N | I | K | R | A | P | A |
| R | E | N | P | S | E | I | A | G | T | N | V |
| A | S | E | E | M | O | D | E | H | T | I | E |
| G | I | A | E | S | S | N | E | E | L | N | M |
| E | L | U | Q | T | G | A | N | L | I | U | A |
| E | G | U | O | I | T | N | E | R | R | S | R |
| G | E | U | E | R | E | I | T | E | M | I | C |
| A | R | S | E | I | R | I | A | M | E | N | H |
| T | N | O | P | C | V | I | S | I | T | E | E |
| E | E | T | U | O | R | O | T | U | A | E | S |

- [ ] enseigne
- [ ] cimetière
- [ ] vitrine
- [ ] maison
- [ ] kiosque
- [ ] gratte-ciel
- [ ] panneau
- [ ] dôme
- [ ] église
- [ ] parking
- [ ] rue
- [ ] gare
- [ ] magasin
- [ ] garage
- [ ] marches
- [ ] autoroute
- [ ] mairie
- [ ] théâtre
- [ ] visite
- [ ] antenne
- [ ] tour
- [ ] étage
- [ ] ville
- [ ] pont
- [ ] mur

☐☐☐☐☐ ☐ ☐☐☐☐☐☐☐

En partant de la flèche d'entrée, essaie d'arriver jusqu'à la flèche de sortie sans passer deux fois sur la même ligne. Chaque fois que tu rencontres un dessin, écris le nom de l'action qui se rapporte à l'image.

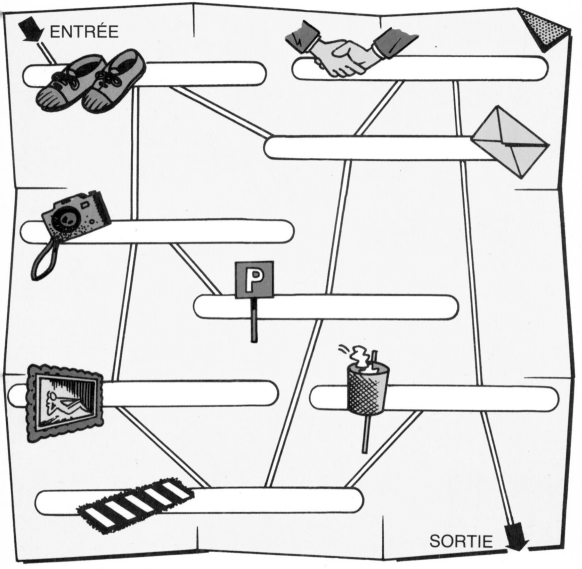

Complète cette grille avec les verbes d'action.

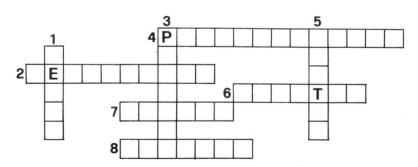

# L'AÉROPORT
# LA GARE

**A**
1. le chariot à bagages
2. le porteur
3. le passager
4. le contrôleur
5. le guichet des billets
6. la consigne automatique

**B**
1. le compartiment
2. la valise
3. les filets à bagages
4. le siège
5. le couloir

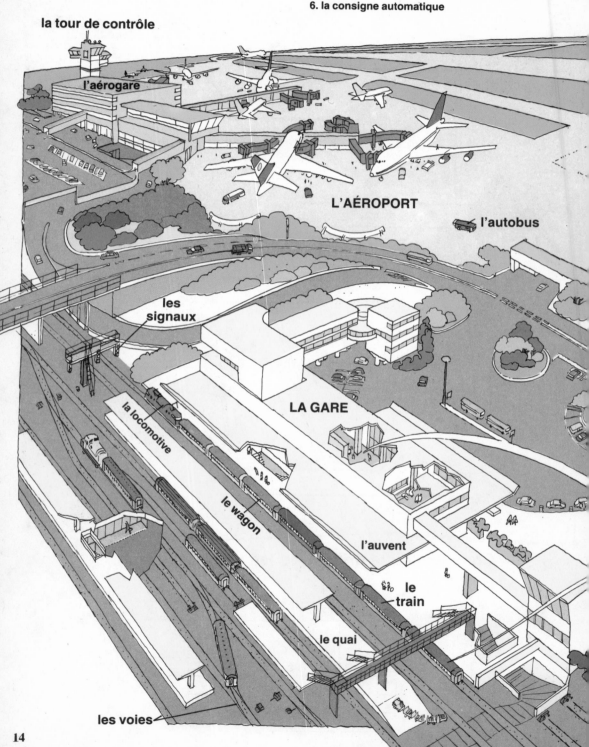

la tour de contrôle

l'aérogare

L'AÉROPORT

l'autobus

les signaux

la locomotive

LA GARE

le wagon

l'auvent

le train

le quai

les voies

14

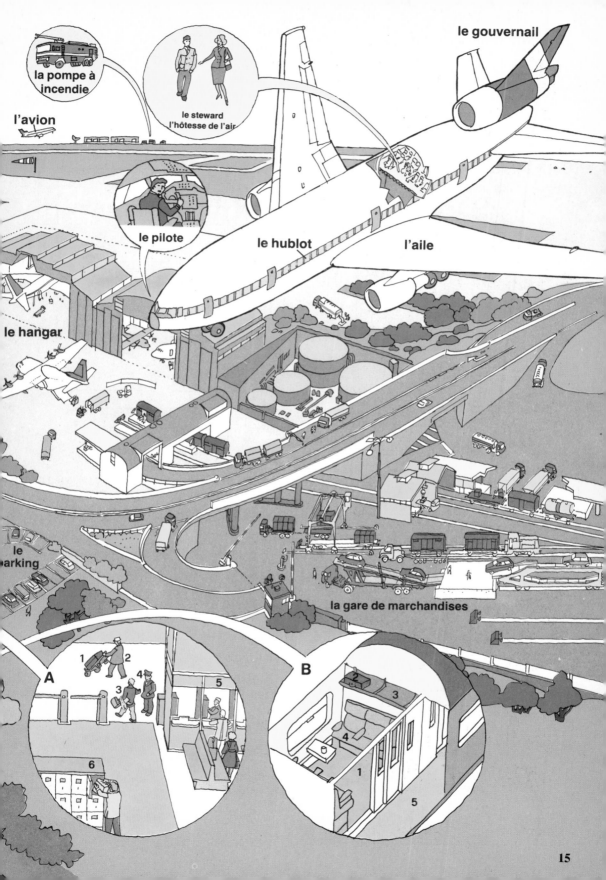

la pompe à incendie

le steward
l'hôtesse de l'air

l'avion

le gouvernail

le pilote

le hublot

l'aile

le hangar

le parking

la gare de marchandises

A

1 2
3 4
5
6

B

2
3
4
1
5

**passeport**

**faire sa valise**

**partir**

**arriver**

**voler**

**atterrir**

**voyager**

**saluer**

**monter**          **descendre**

**Si tu as lu attentivement le vocabulaire de la page illustrée (p 14-15) tu dois être capable de répondre correctement aux définitions.**

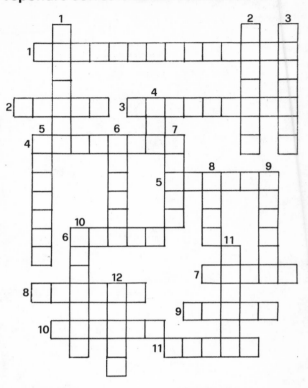

## Horizontal

1. C'est de là que l'on contrôle le trafic aérien

2. Où l'avion se pose

3. Indispensable pour passer une frontière

4. On y va pour prendre un avion

5. Sorte de toit

6. Pour s'asseoir

7. Le train y roule

8. On y dépose des marchandises

9. Moyen de transport aérien

10. Sorte de fenêtre

11. Très utile pour y mettre les bagages

## Vertical

1. Elle accueille les passagers dans l'avion

2. Sert à circuler dans un train

3. Ouverture

4. Indispensable pour vivre

5. On l'utilise beaucoup en ville pour se déplacer

6. C'est lui qui est aux commandes de l'avion

7. Il est composé de wagons

8. Il y en a plusieurs dans une gare

9. Lorsque le train y passe il faut allumer la lumière

10. Servent à signaler

11. Le voyageur y met ses vêtements

12. L'avion en a deux grandes

## Complète les espaces vides avec les mots qui correspondent aux dessins.

J'ai préparé ma _ _ _ _ _ _ _ et j'ai pris

mon _ _ _ _ _ _ _ _ _ _ _. Ensuite je prendrai

un _ _ _ _ _ _ _ _ jusqu'à

l' _ _ _ _ _ _ _ _ _. J'aime

regarder par les _ _ _ _ _ _ _ _

de  l' _ _ _ _ _ _ et

l' _ _ _ _ _ _ _ _ est toujours gentille!

J'aimerais être un _ _ _ _ _ _

ou travailler à la _ _ _ _ _ _ _ _ _ _ _ _ _.

Oh, non! J'ai oublié mon _ _ _ _ _ _.

# EN VOYAGE

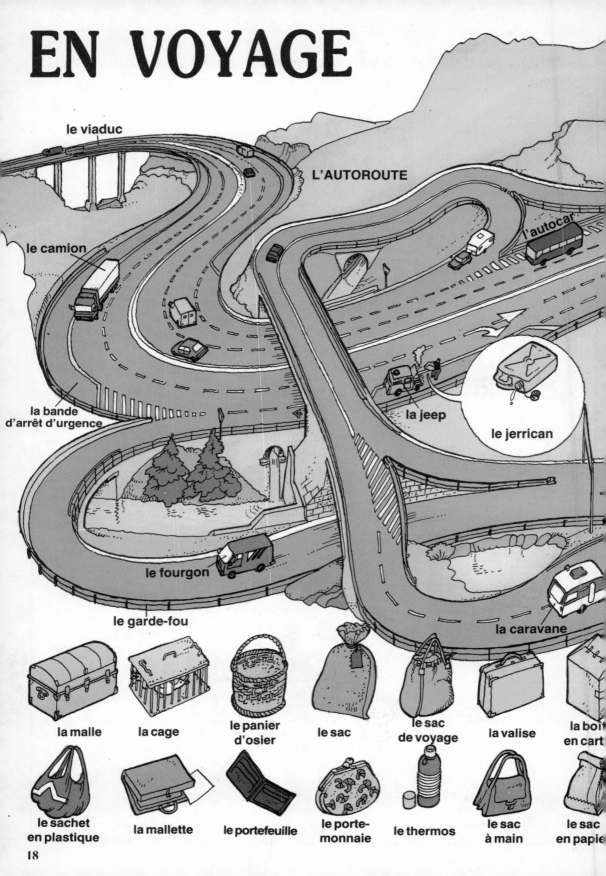

le viaduc

L'AUTOROUTE

l'autocar

le camion

la jeep

le jerrican

la bande
d'arrêt d'urgence

le fourgon

le garde-fou

la caravane

la malle

la cage

le panier
d'osier

le sac

le sac
de voyage

la valise

la boîte
en cart

le sachet
en plastique

la mallette

le portefeuille

le porte-
monnaie

le thermos

le sac
à main

le sac
en papie

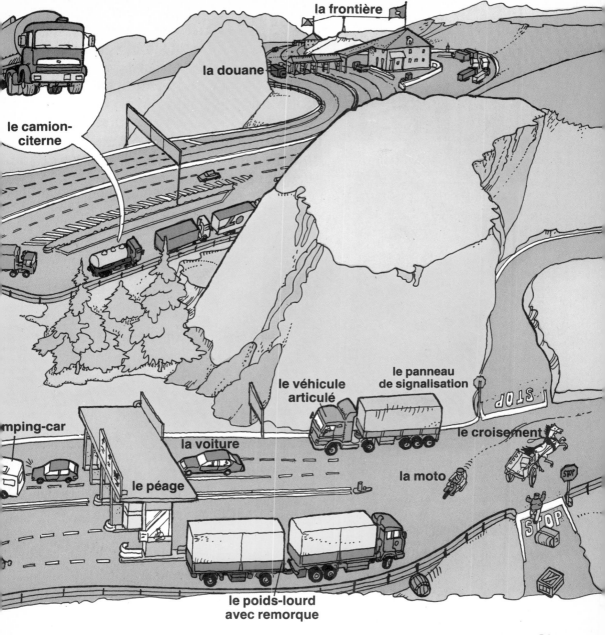

la frontière

la douane

le camion-citerne

le panneau de signalisation

le véhicule articulé

le croisement

...mping-car

la voiture

la moto

le péage

le poids-lourd avec remorque

**En te servant du vocabulaire de cette page, réponds à ces questions. Si tu pars en voyage, dans quoi mettras-tu:**

1. Une boisson pour qu'elle reste chaude?
.............................................................

2. Tes billets de banque? ...............................

3. Un peigne, un mouchoir (pour les filles)?
.............................................................

4. Les affaires les plus encombrantes?
.............................................................

5. De la monnaie? ...........................................

6. Ton chat? ...................................................

7. De la nourriture pour le voyage?
.............................................................

8. Des affaires pour passer une seule nuit dans un hôtel? ...............................

9. Ton oiseau? ...............................................

conduire

doubler

# En route pour un beau _ _ _ _ _ _!

Après avoir complété le titre, retrouve dans la grille les 21 mots écrits ci-dessous. Tu peux les chercher de gauche à droite, de droite à gauche, de haut en bas, de bas en haut, dans le sens horizontal, vertical, ou oblique! Les lettres restantes forment le nom d'un mode de déplacement très courant surtout chez les jeunes.

faire de l'auto-stop

héler un taxi

monter dans l'autobus

lent

rapide

| P | O | R | T | E | M | O | N | N | A | I | E |
|---|---|---|---|---|---|---|---|---|---|---|---|
| S | E | R | E | I | T | N | O | R | F | A | L |
| U | T | N | E | M | E | S | I | O | R | C | L |
| E | G | A | E | P | T | O | C | A | J | U | I |
| U | U | N | O | I | M | A | C | E | E | D | U |
| Q | O | E | T | S | G | G | R | T | E | A | E |
| R | F | L | N | E | N | R | O | P | P | I | F |
| O | E | L | O | I | I | I | X | A | T | V | E |
| M | D | A | P | C | S | O | M | R | E | H | T |
| E | R | M | A | A | U | T | O | C | A | R | R |
| R | A | N | E | N | A | V | A | R | A | C | O |
| C | G | H | E | L | E | R | E | I | N | A | P |

☐ camping-car    ☐ thermos    ☐ autocar

☐ camion    ☐ panier    ☐ péage

☐ croisement    ☐ malle    ☐ cage

☐ remorque    ☐ jerrican    ☐ pont

☐ garde-fou    ☐ viaduc    ☐ jeep

☐ portefeuille    ☐ caravane    ☐ taxi

☐ porte-monnaie    ☐ frontières    ☐ héler

☐☐☐☐ - ☐☐☐☐

**Observe les objets représentés et lis les mots écrits ci-dessous. Unis les points numérotés seulement si le chiffre correspond à l'un des objets. Quel est l'objet qui apparaît?** _____.

1. caravane
2. porte-monnaie
3. portefeuille
4. thermos
5. viaduc
6. garde-fou
7. sac
8. camping-car
9. pont
10. jeep
11. péage
12. panier
13. cage
14. sac en papier
15. panneau de signalisation
16. valise
17. sac à main
18. camion-citerne
19. voiture
20. remorque
21. malle
22. moto
23. croisement
24. camion
25. autocar

21

# LES GENS AU TRAVAIL

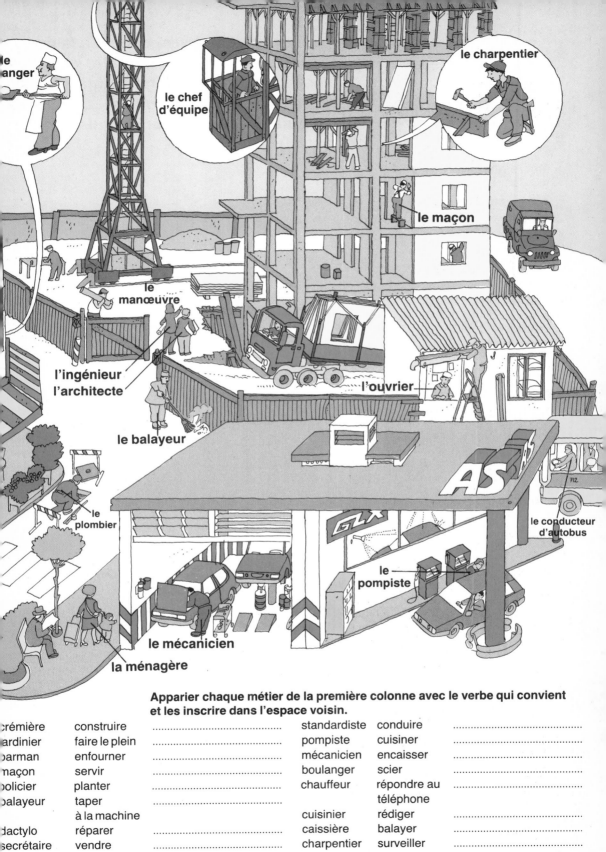

le charpentier

le chef d'équipe

...anger

le maçon

le manœuvre

l'ingénieur
l'architecte

l'ouvrier

le balayeur

le plombier

le conducteur
d'autobus

le pompiste

le mécanicien

la ménagère

**Apparier chaque métier de la première colonne avec le verbe qui convient et les inscrire dans l'espace voisin.**

| | | | | | |
|---|---|---|---|---|---|
| crémière | construire | .................................. | standardiste | conduire | .................................. |
| ardinier | faire le plein | .................................. | pompiste | cuisiner | .................................. |
| barman | enfourner | .................................. | mécanicien | encaisser | .................................. |
| maçon | servir | .................................. | boulanger | scier | .................................. |
| policier | planter | .................................. | chauffeur | répondre au | |
| balayeur | taper | .................................. | | téléphone | |
| | à la machine | | cuisinier | rédiger | .................................. |
| dactylo | réparer | .................................. | caissière | balayer | .................................. |
| secrétaire | vendre | .................................. | charpentier | surveiller | .................................. |

**travailler**

**porter**

**régler la circulation**

**projeter**

**vendre**

**acheter**

**réparer**

**faire le plein d'essence**

**tirer**

**pousser**

Trouve le mot correspondant à la définition et écris-le dans la grille, verticalement. Au numéro 11 horizontal tu trouveras un nom de métier qui existe depuis environ un siècle seulement.

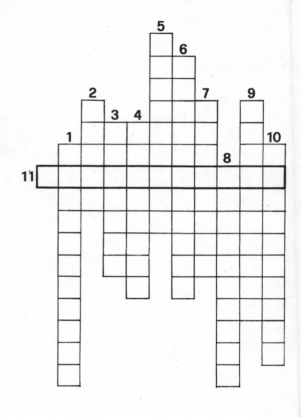

1. Il s'occupe des pièces qui servent à soutenir ou à élever des constructions.

2. Il construit des maisons.

3. Elle change souvent d'identité!

4. Il doit toujours trouver le bon tuyau.

5. Grâce à lui, nous mangeons du pain tous les jours.

6. Il nous donne de la lumière.

7. Elle travaille à la maison.

8. Il travaille à l'école.

9. Il dessine des plans de maisons.

10. Il travaille dans les moteurs.

# TOUT LE MONDE AU TRAVAIL

En partant de chacune des cases où est inscrit un nom de métier, essaie d'arriver à la case où se trouve un objet correspondant au métier. Tu passeras par des lettres qui, à la fin du parcours, te donneront l'activité de chacun.

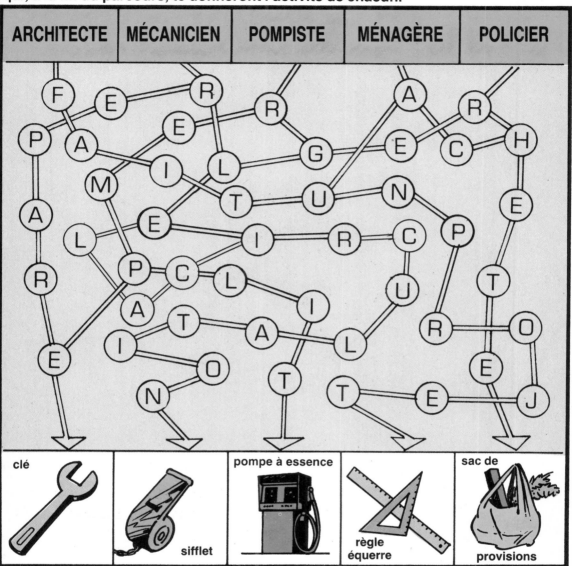

| ARCHITECTE | MÉCANICIEN | POMPISTE | MÉNAGÈRE | POLICIER |
|------------|------------|----------|----------|----------|

clé — sifflet — pompe à essence — règle équerre — sac de provisions

**Maintenant, complète les phrases suivantes en utilisant les expressions du labyrinthe.**

1. L'architecte _ _ _ _   _ _   _ _ _ _ _ _ _ _ d'un pont; il utilise une _ _ _ _ _ _ et une _ _ _ _ _ _ _ _

2. Le mécanicien _ _ _ _ _ _ _ le moteur avec la _ _ _

3. Le pompiste _ _ _ _ _ _ _ _ le réservoir de la voiture avec la _ _ _ _ _ _   _ _ _ _ _ _ _ _

4. La ménagère _ _ _ _ _ _ _ les provisions au supermarché et les met dans un _ _ _ _

5. Le policier _ _ _ _ _ _   _ _   _ _ _ _ _ _ _ _ _ _ _ _ dans la ville et il siffle dans son _ _ _ _ _ _ _ _.

25

# LES HABITATIONS

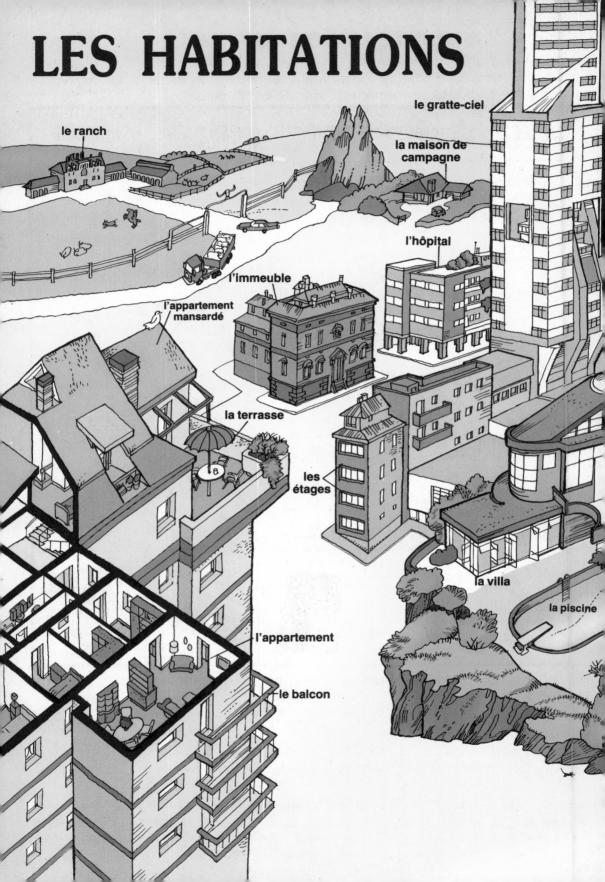

le gratte-ciel

le ranch

la maison de campagne

l'hôpital

l'immeuble

l'appartement mansardé

la terrasse

les étages

la villa

la piscine

l'appartement

le balcon

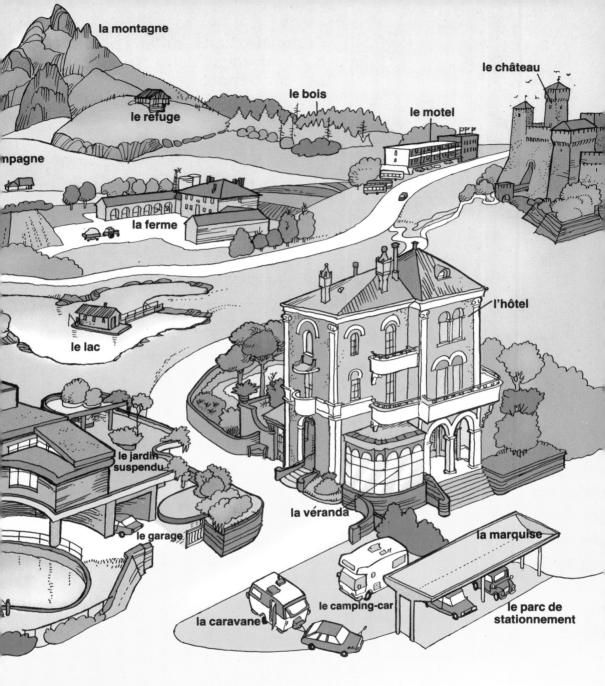

la montagne

le château

le bois

le motel

le refuge

mpagne

la ferme

l'hôtel

le lac

le jardin
suspendu

la véranda

la marquise

le garage

le camping-car

le parc de
stationnement

la caravane

**En utilisant le vocabulaire de cette page, complète les phrases suivantes:**

Dans les grandes villes modernes, il y a beaucoup de ........................................ qui ont souvent plus

de 50 ........................................ Le toit de ces ........................................ est plat et on y trouve des

........................................ et des ........................................ En fin de semaine, certains habitants pren-

nent leur ........................................ ou leur ........................................ D'autres vont dans leur ....................

........................................ ou à la ........................................ Si la route est longue, ils peuvent s'arrêter dans

un ........................................ où il y a presque toujours un ........................................ pour les véhicules.

**petit/ grand**

**court/ long**

**sale/propre**

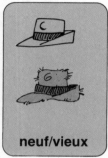

**neuf/vieux**

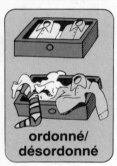

**ordonné/ désordonné**

**chaud/froid**

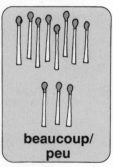

**beaucoup/ peu**

**étroit/ large**

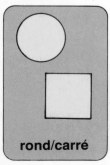

**rond/carré**

**clair/ sombre**

## Complète cette grille en choisissan dans le vocabulaire illustré, les mots qui conviennent.

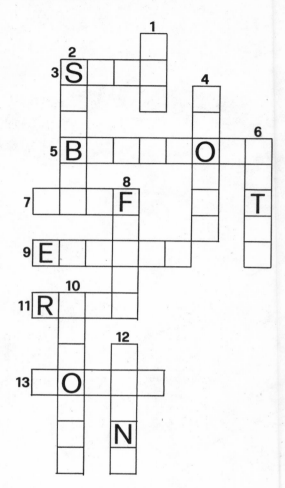

## Complète les phrases suivantes en choisissan l'adjectif qui convient.

1. Ma maison est ....................................., elle a été cons- truite l'année dernière.
2. L'hôtel où nous habitons est très ................................ tous les clients sont satisfaits.
3. J'aime beaucoup lire; en vacances je prends toujours ........................................ de livres.
4. Nous avons voyagé pendant 15 heures; le voyage a été très .......................................
5. Ma sœur ne range jamais ses jouets; elle est très ......................................................................................

neuve - vieille - ordonnée - désordonnée - sale - propre peu - beaucoup - court - long

**Complète les mots ci-dessous, puis colorie les parties numérotées, uniquement si le numéro correspond à l'un des dessins représentés.**

1. T E R R A S S E
2. I _ M _ _ B _ E
3. C _ M _ I _ G - C _ R
4. R _ F _ G _
5. P _ S _ I _ E
6. H _ P _ T _ L
7. C _ A _ E _ U
8. G _ R _ G _
9. J _ R _ I _
10. F _ R _ E
11. M _ T _ L
12. M _ R _ U _ S _
13. C _ R _ V _ N _
14. G _ A _ T _ - _ I _ L

# LA MAISON

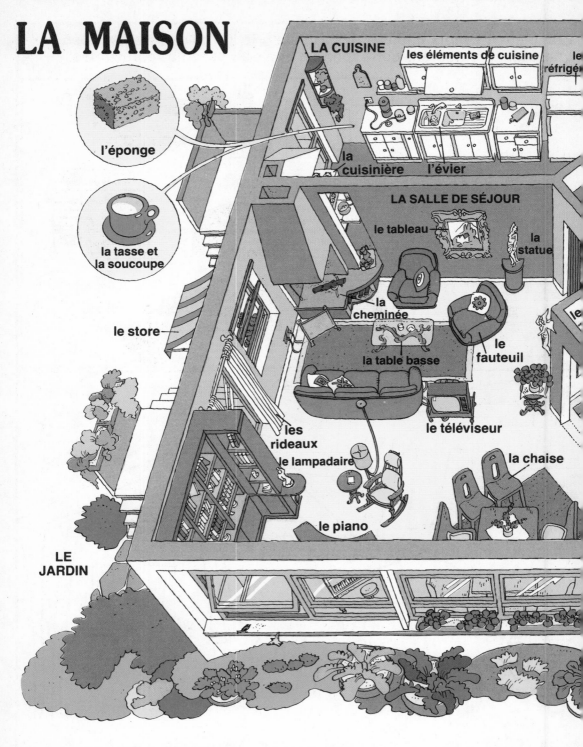

**LA CUISINE**

les éléments de cuisine

le réfrigé...

l'éponge

la tasse et
la soucoupe

la cuisinière     l'évier

**LA SALLE DE SÉJOUR**

le tableau

la statue

le store

la cheminée

la table basse

le fauteuil

les rideaux

le lampadaire

le téléviseur

la chaise

le piano

**LE JARDIN**

## Replace les différents objets dans la pièce qui convient:

☐ fauteuil ☐ paillasson ☐ table de nuit ☐ bidet ☐ lit
☐ téléviseur ☐ lampe de chevet ☐ escalier ☐ réfrigérateur
☐ porte de derrière ☐ table basse ☐ baignoire ☐ garage
☐ cheminée ☐ marches ☐ penderie ☐ cabinet ☐ évier
☐ douche ☐ miroir ☐ tasse ☐ porte ☐ cuisinière ☐ mur

| cuisine | entrée |
| --- | --- |
| ............... | ............... |
| ............... | ............... |
| ............... | ............... |
| ............... | ............... |

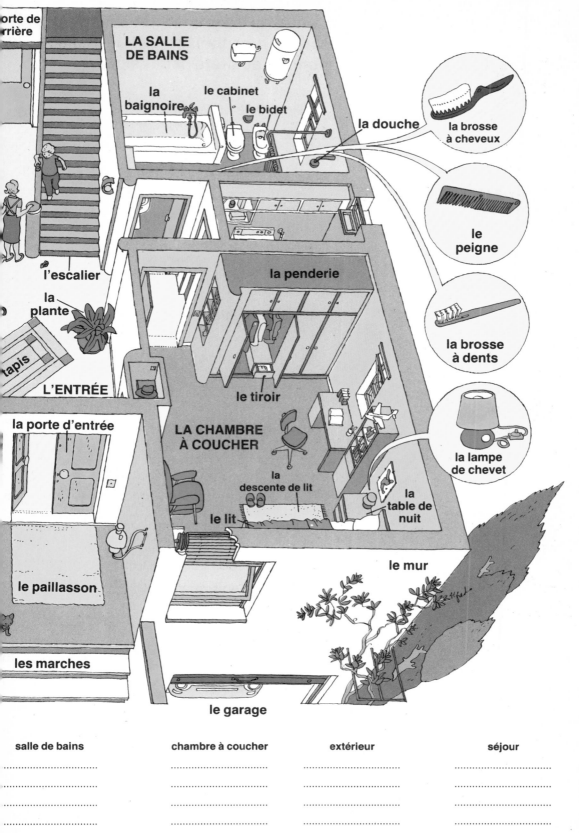

porte de rrière

LA SALLE DE BAINS

la baignoire

le cabinet

le bidet

la douche

la brosse à cheveux

le peigne

la brosse à dents

la lampe de chevet

l'escalier

la plante

la penderie

tapis

L'ENTRÉE

le tiroir

la porte d'entrée

LA CHAMBRE À COUCHER

la descente de lit

la table de nuit

le lit

le mur

le paillasson

les marches

le garage

| salle de bains | chambre à coucher | extérieur | séjour |
|---|---|---|---|
| .............................. | .............................. | .............................. | .............................. |
| .............................. | .............................. | .............................. | .............................. |
| .............................. | .............................. | .............................. | .............................. |
| .............................. | .............................. | .............................. | .............................. |

**toit**

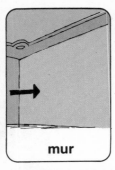

**mur**

**sol**

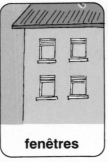

**fenêtres**

**porte**

**sonner à la porte**

**se coucher**

**s'éveiller**

**se lever**

**se laver**

**Complète les phrases suivantes en utilisant le vocabulaire sur la maison; le nombre de tirets peut t'aider!**

1. Pour te laver les dents, tu utilises une:

   _ _ _ _ _ _   _   _ _ _ _ _

2. Quand il fait très chaud, tu ouvres les:

   _ _ _ _ _ _ _ _

3. Avant d'entrer dans la maison tu essuies tes pieds sur le:   _ _ _ _ _ _ _ _ _

4. Pour te coiffer, tu utilises un:   _ _ _ _ _ _

5. Tu dors dans la:   _ _ _ _ _ _ _   _

   _ _ _ _ _ _ _

6. Le matin tu fais ta toilette dans la:

   _ _ _ _ _   _ _   _ _ _ _ _

7. Quand tu veux lire dans ton lit, tu allumes la:   _ _ _ _ _   _ _   _ _ _ _ _ _

8. Lorsque des invités viennent manger chez toi, vous vous installez dans la:   _ _ _ _ _

   _   _ _ _ _ _ _

9. Quand tu veux regarder la télévision, tu t'installes dans un:   _ _ _ _ _ _ _ _

10. Ta maman conserve les aliments dans le:

    _ _ _ _ _ _ _ _ _ _ _ _ _ _

11. Ton papa met la voiture dans le:

    _ _ _ _ _ _

Les cinq objets dessinés ci-des-sous sont cachés dans l'illustration. Cherche-les et complète les phra-ses qui se trou-vent au-dessous.

1. La _ _ _ _ _ est sous le _____
2. La _ _ _ _ _ est entre la _ _ _ _ _ _ _ et la plante
3. Le _ _ _ _ _ _ est au-dessus du _____
4. La _ _ _ _ _ _ est entre la _ _ _ _ _ _ et le _____
5. La _ _ _ _ _ _ à dents est sous le _____

# LE LIBRE-SERVICE

les assiettes

le couteau

la cuiller  la fourchette

la petite cuiller

le verre

la boîte

la caisse

la caissière

l'argent

la monnaie

le pain

le menu

la queue

la table

la chaise

la nappe

34

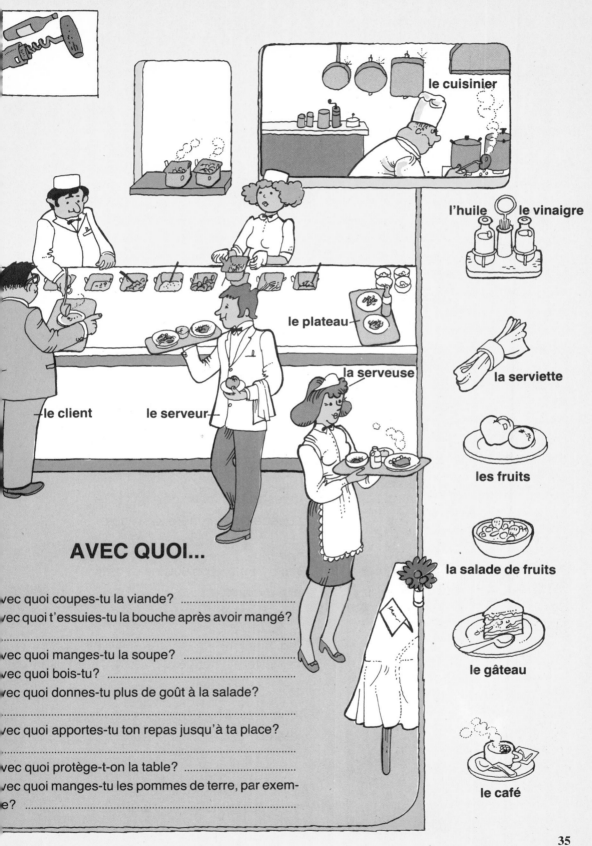

le cuisinier

l'huile    le vinaigre

le plateau

la serveuse

la serviette

le client    le serveur

les fruits

la salade de fruits

## AVEC QUOI...

Avec quoi coupes-tu la viande? ...................................

Avec quoi t'essuies-tu la bouche après avoir mangé?

...................................

Avec quoi manges-tu la soupe? ...................................

Avec quoi bois-tu? ...................................

Avec quoi donnes-tu plus de goût à la salade?

...................................

Avec quoi apportes-tu ton repas jusqu'à ta place?

...................................

Avec quoi protège-t-on la table? ...................................

Avec quoi manges-tu les pommes de terre, par exem-

ple? ...................................

le gâteau

le café

35

cuisiner

manger

mâcher

boire

couper

verser

servir

être au régime

avoir faim

avoir soif

# VRAI OU FAUX?
# À TOI DE LE DIRE!

**VRAI FAUX**

1. Quand tu as très faim, tu bois une tasse de café ........................................ ☐ ☐

2. Tu manges un morceau de pain quand tu as soif ................................... ☐ ☐

3. Quand tu es au régime, tu peux manger beaucoup de gâteaux ............ ☐ ☐

4. Dans un libre-service, tu dois attendre que l'on vienne te servir ..................... ☐ ☐

5. Dans un libre-service, tu paies avant de manger ........................................ ☐ ☐

6. Au restaurant, tu ne dois pas faire la queue pour prendre ton repas ☐ ☐

7. Généralement, on cuisine dans la salle à manger ................................. ☐ ☐

8. Quand tu veux boire, tu dois utiliser une cuillère à soupe ........................ ☐ ☐

9. Au libre-service, tu manges sur un plateau ................................................ ☐ ☐

10. Au libre-service, il n'y a pas de nappe sur la table ............................... ☐ ☐

**Observe bien les deux images, elles sont identiques! Ou presque! Essaie de trouver les dix détails qui les différencient.**

1. C _ _ _ _ _

2. M _ _ _

3. H _ _ _ _ _ _ V _ _ _ _ _ _ _

4. V _ _ _ _

5. B _ _ _ _ _

6. C _ _ _ _ _ _

7. S _ _ _ _ _ _ _ _

8. C _ _ _ _ _ _

9. F _ _ _ _ _ _ _ _ _

10. P _ _ _

# LE SUPERMARCHÉ

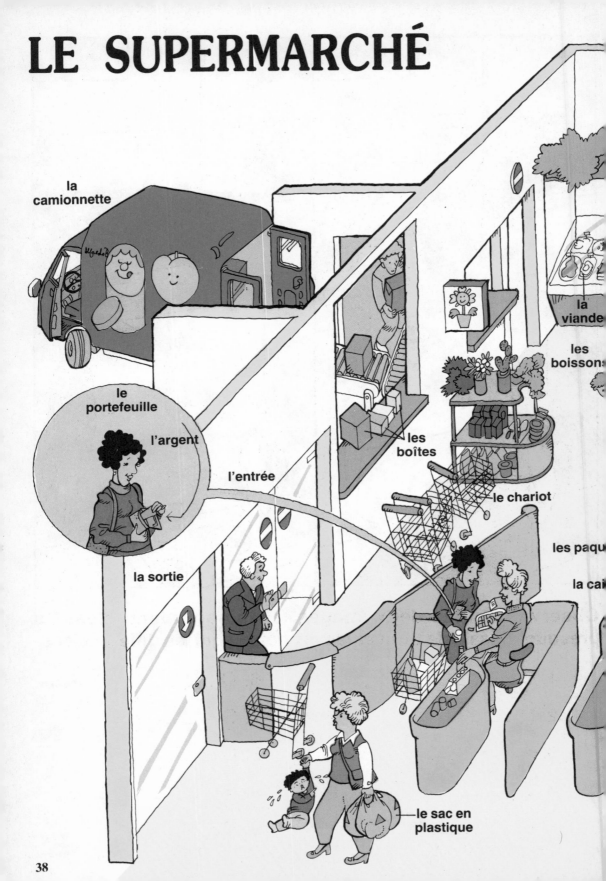

la camionnette

le portefeuille

l'argent

l'entrée

la sortie

les boîtes

la viande

les boissons

le chariot

les paqu...

la cai...

le sac en plastique

le prix

1.25 F

le vendeur

les rayons

le comptoir

les bouteilles

les fruits et légumes

le sac

les aliments surgelés

les boîtes de conserve

les clients

la caissière

**Après avoir bien appris les mots de l'illustration, réponds aux questions en utilisant aussi prépositions et articles.**

1. Où ton papa met-il son argent? ..............................................................................

2. Et ta maman? ..............................................................................

3. Et la caissière? ..............................................................................

4. Où sont rangés les aliments dans un supermarché? ..............................................

5. Le client les enlève de là pour les mettre... où? ..............................................

6. Et après avoir payé, où les place-t-il? ..............................................................................

**boulangerie**

**épicerie**

**marchand de fruits et légumes**

**poissonnerie**

**boucherie**

**fleuriste**

**kiosque à journaux**

**pharmacie**

**boutique de vêtements**

**librairie**

**Si tu as lu attentivement le vocabulaire de la page illustrée (p. 38-39) tu dois être capable de répondre correctement aux définitions.**

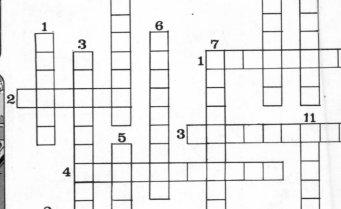
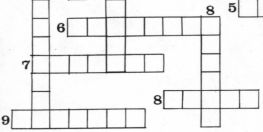

## Horizontal

1. Elles sont vendues, le plus souvent, en bouteilles
2. Il vaut mieux ne pas l'oublier quand tu vas au supermarché
3. On y va pour acheter des médicaments
4. On y trouve toutes sortes de marchandises
5. Chaque sorte de marchandise en a un!
6. Aliments conservés par le froid
7. Le pain en est un
8. Elle peut être carrée, ou ronde
9. Dans un magasin c'est à lui que l'on s'adresse

## Vertical

1. Il faut passer par là pour se retrouver à l'intérieur du magasin
2. Très utile pour mesurer la quantité de ce que l'on achète
3. Il passe sa vie au milieu des fleurs
4. Il y en a beaucoup au supermarché
5. Autrefois on y vendait des épices
6. C'est à elle que l'on paye
7. On y vend la viande
8. Il est interdit d'entrer par là!
9. Il faut passer par là obligatoirement avant de sortir du magasin
10. La caissière y met son argent
11. Très utile pour y mettre ses achats

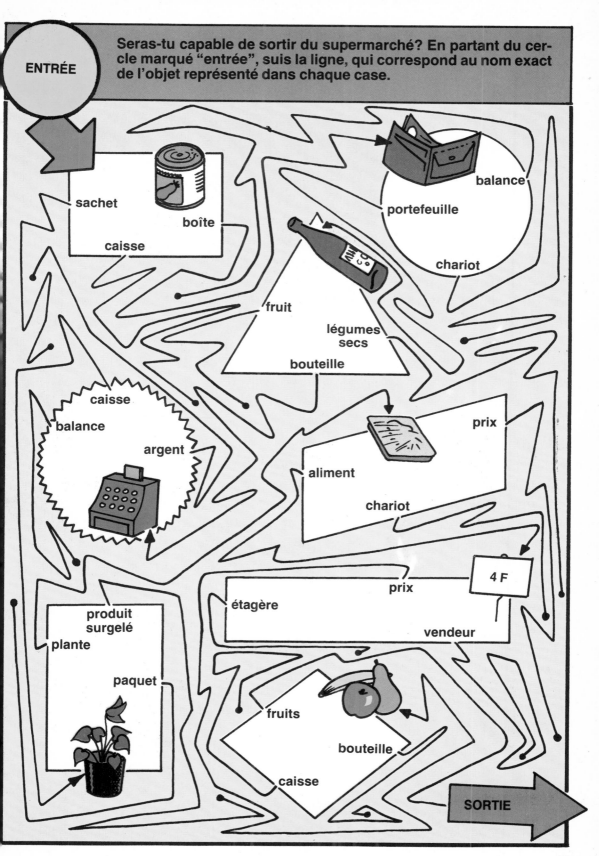

# LE MARCHÉ

les pommes

les pêches

les citrons

les fraises

les cerises

les oranges

les figues

les poires

le raisin

les châtaig

le melon

la pastèque

les bananes

l'ananas

la glace

le pain

le gâteau

les chocolat

les fruits conf

la confiture

le chocolat

les beignets

les gâteaux de soirée

les bonbons

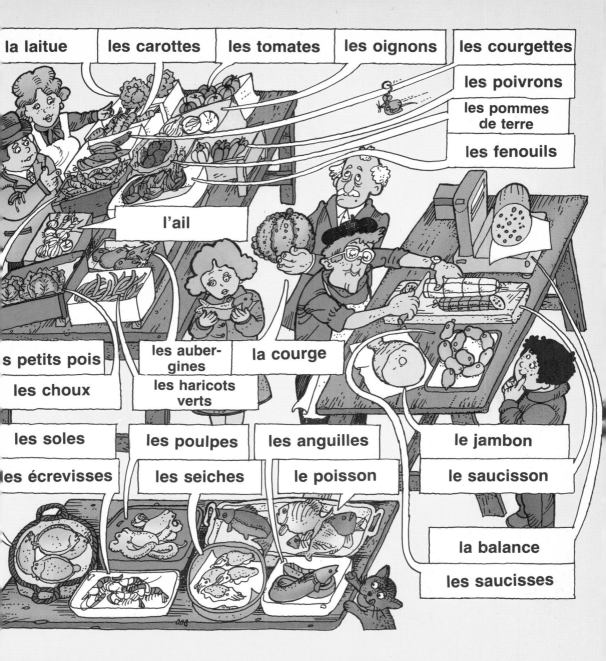

la laitue

les carottes

les tomates

les oignons

les courgettes

les poivrons

les pommes de terre

les fenouils

l'ail

les petits pois

les choux

les aubergines

les haricots verts

la courge

les soles

les écrevisses

les poulpes

les seiches

les anguilles

le poisson

le jambon

le saucisson

la balance

les saucisses

**En utilisant le vocabulaire de cette page, complète les phrases suivantes:**

Chaque matin, les ménagères vont faire leur ........................................ . Selon la saison, elles peuvent acheter

différentes choses. En automne, les fruits plus répandus sont ................................., ........................................, et

................................., que l'on peut faire rôties. En hiver, elles achètent ................................., ........

........................................, ........................................, ........................................, (qui font pleurer les yeux), pour faire de

bonnes soupes. En été, elles préfèrent acheter ........................................ et ........................................ pour faire de

bonnes salades, et ........................................ , ........................................ qui sont très rafraîchissants. Pour les gour-

mands, elles passent à la ........................................ pour acheter ........................................ et ........................................ .

Elles achètent aussi, parfois du ........................................ pour faire des sandwiches.

**prendre**

**peser**

Retrouve dans cette grille les 22 mots écrits ci-dessous. Tu peux les chercher de gauche à droite, de droite à gauche, de haut en bas, de bas en haut, dans le sens horizontal, vertical ou diagonal. Les lettres restantes te donneront le nom de quelque chose de très apprécié par les petits gourmands!

**envelopper**

**payer**

| G | S | N | O | S | S | I | C | U | A | S | A |
|---|---|---|---|---|---|---|---|---|---|---|---|
| L | I | A | E | E | S | S | I | C | U | A | S |
| T | E | N | G | I | A | T | A | H | C | E | E |
| T | P | A | R | C | E | M | M | O | P | U | S |
| O | A | E | U | H | O | X | U | U | D | S | S |
| C | S | T | O | E | I | R | E | X | S | E | I |
| I | T | A | C | S | G | L | A | C | E | S | V |
| R | E | M | O | E | N | A | N | A | B | I | E |
| A | Q | O | T | I | O | N | I | S | I | A | R |
| H | U | T | R | S | N | O | L | E | M | R | C |
| S | E | L | O | S | S | E | U | G | I | F | E |
| S | I | O | P | S | T | I | T | E | P | E | E |

**offrir/ donner**

**beaucoup/ peu**

- ☐ courgettes
- ☐ soles
- ☐ saucisse
- ☐ pastèque
- ☐ saucissons
- ☐ raisin
- ☐ choux
- ☐ ail
- ☐ oignons
- ☐ fraises
- ☐ figues

- ☐ petits pois
- ☐ châtaigne
- ☐ tomate
- ☐ écrevisses
- ☐ banane
- ☐ haricot
- ☐ seiches
- ☐ courge
- ☐ pomme
- ☐ melons
- ☐ glace

**cher**

**bon marché**

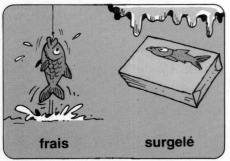

**frais**          **surgelé**

_ _ _ _ _ _ _ _   _ _   _ _ _ _ _ _ _

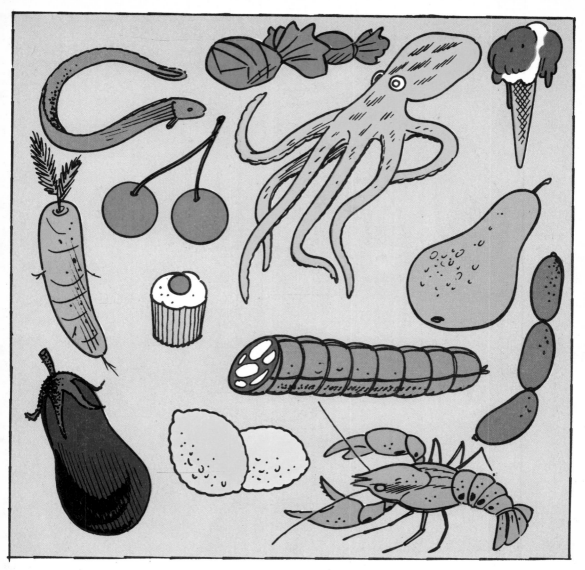

**Barre les lettres qui composent les noms des neuf objets ou animaux représentés ci-dessus (attention aux pluriels). Les lettres restantes te donneront un nom de commerçant.**

A N G U I L L E L B O N B O N E P O U L P E P G L A

C E O C A R O T T E I C E R I S E S S G A T E A U S P

O I R E O S A U C I S S O N N A U B E R G I N E N C I

T R O N S I E C R E V I S S E E S A U C I S S E R

le panneau

la mappemonde

la table d'écolier

le cahier

le cartable

**Complète l'histoire en choisissant les mots qui conviennent dans le vocabulaire de "Tous en classe". Le nombre de tirets t'aidera...**

Aujourd'hui, c'est la rentrée des classes. Benoît est accueilli par le _ _ _ _ _ _ _ _ _ _ _ _ _ _ qui fait rentrer les _ _ _ _ _ _ _. Il découvre sa _ _ _ _ _ _  _ _  _ _ _ _ _ _ _ et l'_ _ _ _ _ _ _ _ _ _ _ _, Monsieur Durand, assis à son _ _ _ _ _ _ _. Prenant place à sa _ _ _ _ _ _ _, Benoît ouvre son _ _ _ _ _ _ _ _ _ _ et en sort un beau _ _ _ _ _ _ _ tout neuf! Monsieur Durand a pendu sa veste au _ _ _ _ _ _ _ _ _ _ _ _ _ _ _ _. Il est maintenant assis sur sa _ _ _ _ _ _ _ _. Le _ _ _ _ _ _ _ _ _ _ _ _ _ annonce la date du 12 septembre, écrite aussi au _ _ _ _ _ _ _ _. Benoît pourra emprunter des _ _ _ _ _ _ _ dans la _ _ _ _ _ _ _ -_ _ _ _ _ _ _ _. Il utilisera son _ _ _ _ _ _ _ _ _ _ _ _ _ _ _ _ pour y rechercher les mots difficiles. La _ _ _ _ _ _ et la _ _ _ _ _ _ _ _ _ _ _ l'aideront à étudier la géographie.

lire

écrire

parler

penser

écouter

étudier

regarder

dessiner

facile

difficile

**Complète cette grille en t'aidant du vocabulaire de la page précédente "TOUS EN CLASSE."**

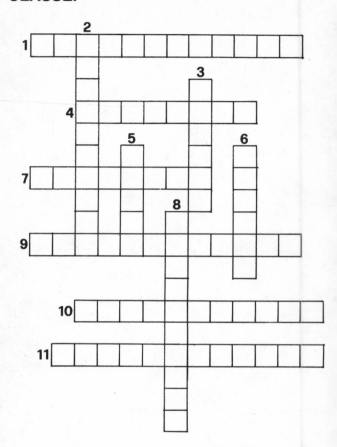

1. Très utile pour trouver la définition des mots

2. Les mois et les jours y sont inscrits

3. Les élèves y font leurs devoirs

4. Celui qui poursuit ses études en est un

5. Chaque élève en a une devant lui

6. Ils renferment des quantités de connaissances

7. Les écoliers l'utilisent pour transporter livres et cahiers

8. Carte du monde

9. C'est là qu'on suspend son manteau

10. Il s'occupe des élèves quand le professeur est absent

11. On y range les livres

# Écris dans chaque bulle la phrase qui correspond à l'image:

1. "Je suis fatiguée d'étudier!"

2. "Je veux lire ce livre."

3. "Voici la carte de l'Amérique du Sud."

4. "Écoute le petit oiseau."

5. "J'aime dessiner."

6. "N'écris-pas sur mon cahier."

7. "Réponds à ma question."

8. "Il est l'heure d'entrer en classe."

# LE BUREAU

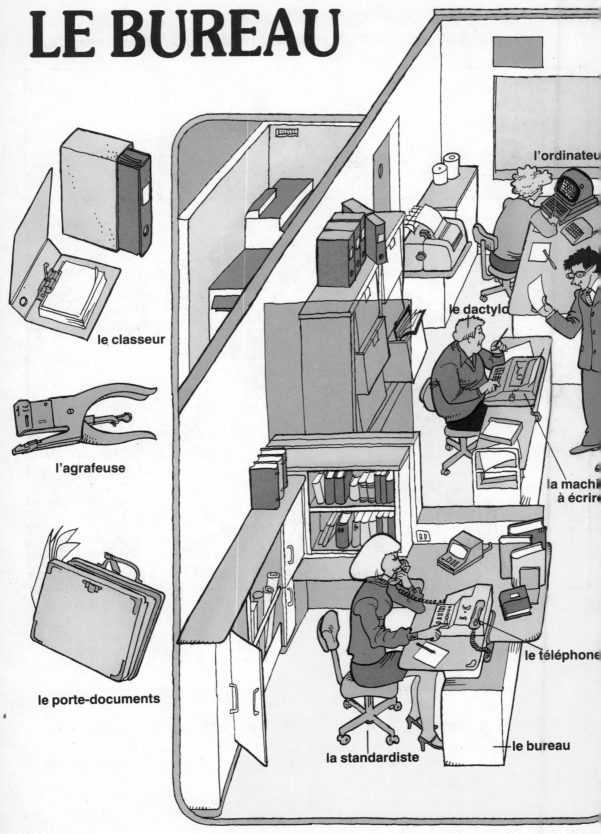

le classeur

l'agrafeuse

le porte-documents

l'ordinateu

le dactylo

la machi
à écrire

le téléphone

le bureau

la standardiste

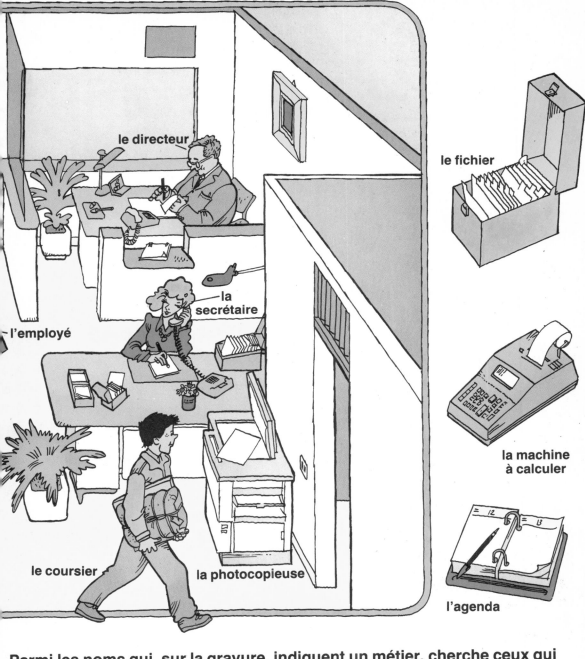

le directeur

le fichier

la secrétaire

l'employé

la machine à calculer

le coursier

la photocopieuse

l'agenda

**Parmi les noms qui, sur la gravure, indiquent un métier, cherche ceux qui conviennent aux activités suivantes:**

a) taper à la machine .........................................................

b) diriger le personnel .........................................................

c) travailler dans un bureau .........................................................

d) passer les communications téléphoniques .........................................................

e) faire les commissions .........................................................

f) écrire les lettres, prendre des rendez-vous... .........................................................

**être ponctuel**

**être en retard**

**présenter**

**composer un numéro**

**taper à la machine**

**être fatigué**

**s'asseoir**

**être debout**

**aller**

**venir**

**Complète les phrases suivantes en choisissant les verbes qui conviennent dans le petit vocabulaire illustré.**

1. Le directeur .............................. le nouvel employé.

2. La standardiste .......................................... .............................. de téléphone.

3. Le dactylo doit .......................................... .............................. une lettre urgente.

4. Le directeur est au téléphone. Je vous en prie, .............................................. !

5. J'ai travaillé toute la journée; je .............. ........................................ .

6. La secrétaire arrive chaque matin à 8 heures; elle ....................... toujours .............. ........................................ .

7. Le soir, tous les employés ....................... chez eux.

8. Il est 9 heures et quart; je vais ................................................ .

9. Le coursier .............................. chaque jour au bureau.

10. Il attend .............................. qu'on lui donne une lettre à porter.

52

**Retrouve les lettres qui forment le nom des neuf objets représentés. Les lettres restantes te donneront le nom de la personne qui utilise ces objets.**

F I C H I E R S T E L E P H O N E E M A C H I N

E C A R C A L C U L E R A G E N D A E A G R A

F E U S E T P O R T E A D O C U M E N T S I M

A C H I N E A R E C R I R E E C L A S S E U R P

H O T O C O P I E U S E

# le DÉFILÉ de MODE

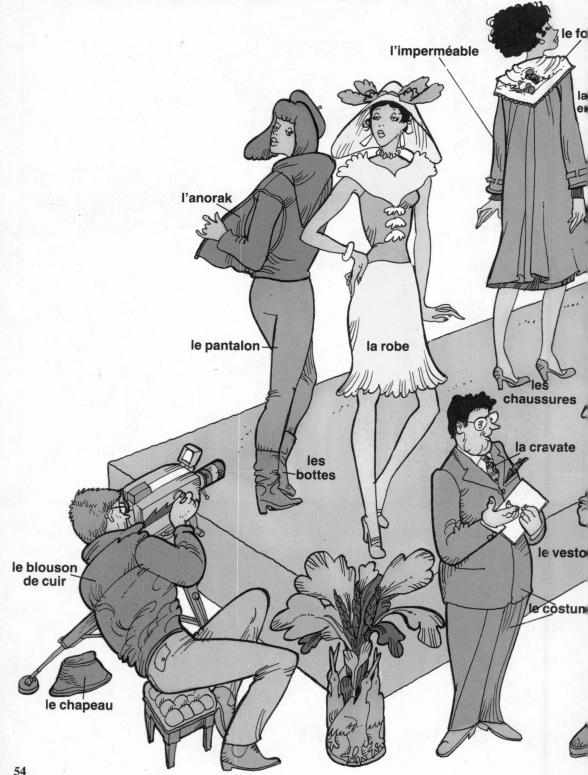

l'imperméable

le fo

la
e

l'anorak

le pantalon

la robe

les
chaussures

la cravate

les
bottes

le vesto

le costu

le blouson
de cuir

le chapeau

le chandail

le tee shirt

le gros chandail

la chemisette

le manteau

le chemise d'homme

le bermuda

les jeans

l'écharpe

**Complète les phrases suivantes en employant le verbe *"porter"* conjugué à la personne convenable et l'un des *noms* que tu choisiras ci-dessus.**

1. Quand il pleut, les gens ...........................................................................................

2. L'hiver, nous ...........................................................................................................

3. Pour skier, je .........................................................................................................

4. Si on a mal à la gorge, on ......................................................................................

5. En moto, mon frère ................................................................................................

6. À la plage, vous .....................................................................................................

7. Mais à la campagne, vous ......................................................................................

8. Sous un grand soleil, maman ..................................................................................

9. S'il y a du vent qui décoiffe, tu ...............................................................................

soie

laine

Retrouve dans cette grille les 19 mots écrits ci-dessous. Tu peux les chercher de gauche à droite, de droite à gauche, de haut en bas, de bas en haut, dans le sens horizontal, vertical ou oblique. Les lettres restantes te donneront le nom d'un vêtement très utile lorsqu'il pleut!

coton

cuir

| I | S | M | C | R | A | V | A | T | E |
| B | O | U | T | O | N | N | P | T | E |
| R | I | S | E | B | O | R | T | S | X |
| R | E | V | E | S | T | E | S | T | U |
| S | E | M | U | T | S | O | C | N | A |
| S | M | O | N | I | E | E | O | A | E |
| A | L | A | M | S | V | N | L | G | T |
| B | E | E | E | S | A | I | S | B | N |
| J | H | F | O | U | L | A | R | D | A |
| C | S | E | P | U | J | L | L | E | M |

tissu

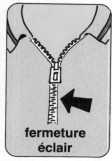

fermeture éclair

- ☐ chemisette
- ☐ veston
- ☐ bouton
- ☐ cuir
- ☐ soie
- ☐ vestes
- ☐ manteaux
- ☐ gants
- ☐ bas
- ☐ cols

- ☐ costumes
- ☐ robes
- ☐ blouson
- ☐ cravate
- ☐ tissu
- ☐ foulard
- ☐ laine
- ☐ jupes
- ☐ jean

boutons

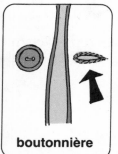

boutonnière

s'habiller

se déshabiller

_ _ _ _ _ _ _ _ _ _ _ _ _

**Compare les personnages représentés ci-dessus avec ceux de la page précédente et indique ce qui manque à chacun d'eux.**

A. .................................................................

.................................................................

B. .................................................................

.................................................................

C. .................................................................

.................................................................

D. .................................................................

.................................................................

E. .................................................................

.................................................................

F. .................................................................

.................................................................

# SANS...DESSUS... DESSOUS...

Voici une liste de mots. Choisis leur contraire dans cette page et écris-les dans l'espace réservé.

loin     — — — —

sur     — — — —

en haut     — —   — — —

avec     — — — — —

devant     — — — — — — — —

dans     — — — — —

autour     — — — — —

Complète cette grille avec les mots qui restent.

une heure

deux heures cinq

trois heures dix

quatre heures et quart

# UNE JOURNÉE DE PIERRE

**Lorsque tu auras terminé le jeu de la page de droite, écris le déroulement d'une journée. Voici quelques mots qui peuvent t'aider: matin - bureau - soir - après - midi - libre - service - nuit.**

Début: *Chaque jour, Pierre se lève à sept heures et demie...*

cinq heures vingt

six heures et demie

sept heures moins vingt

huit heures moins le quart

neuf heures moins dix

dix heures moins cinq

1  d _ r _ i _

2  s _ r _ i _  de la maison

3  a _ l _ r  se coucher

4  t _ a _ a _ l _ e _

5  s _  l _ v _ r

6  r _ n _ r _ r  à la maison

7  p _ e _ d _ e  son petit déjeuner

8  r _ g _ r _ e _  la télévision

9  d _ j _ u _ e _

**Complète les verbes qui se trouvent sous chaque dessin et écris à côté de chaque horloge le numéro du dessin qui correspond à l'heure.**

# SCÈNE HIVERNALE

les sapins

le piolet

le crampon

la cabane
de bergers

la neige

la patinoire

le traîneau

le bonnet

le moniteur
de ski

l'alpiniste

l'anorak

les bâtons
de ski

les gan

les chaussures
de ski

le saint-bernard

les skis

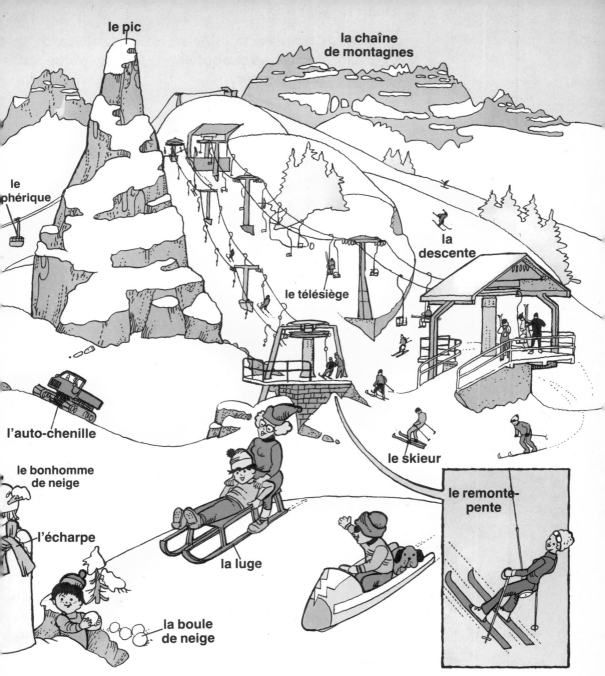

le pic

la chaîne
de montagnes

le
phérique

la
descente

le télésiège

l'auto-chenille

le skieur

le bonhomme
de neige

le remonte-
pente

l'écharpe

la luge

la boule
de neige

## Quel moyen emploies-tu pour:

1. Retourner skier en haut de la même piste? .............................................

2. T'amuser avec de petits enfants à descendre une pente enneigée? ...............

3. Monter sur un sommet, tout seul, pour ne pas être distrait de la beauté du paysage?
.............................................

4. Faire une promenade sur la neige, tiré par un cheval? .............................................

5. Aller sur un pic avec un groupe d'amis? .............................................

6. Descendre rapidement et sportivement une piste enneigée? .............................................

63

**skier**

**patiner**

**tomber**

**glisser**

**aider**

**avoir froid**

**trembler**

**se chauffer**

**éternuer**

**neiger**

**Complète la grille en répondant aux définitions. Le vocabulaire de la page précédente peut d'aider.**

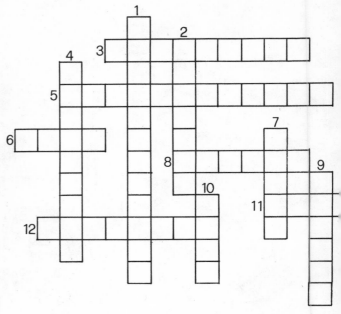

1. Très utile pour pouvoir faire plusieurs descentes en skis.

2. Il vaut mieux en porter une autour du cou quand il fait froid.

3. On s'y asseoie avec les skis aux pieds.

4. Toute surface gelée peut en être une.

5. Un des rares véhicules capables d'arriver au sommet de la montagne.

6. Ils sont longs, plats et ont la pointe recourbée.

7. Blanche, douce et légère.

8. L'alpiniste l'utilise pour gravir une paroi rocheuse.

9. Protège du froid et du vent.

10. Les enfants aiment jouer avec, sur la neige.

11. Il vaut mieux en avoir pour ne pas avoir les mains gelées.

12. Sert à transporter les touristes pour de belles promenades.

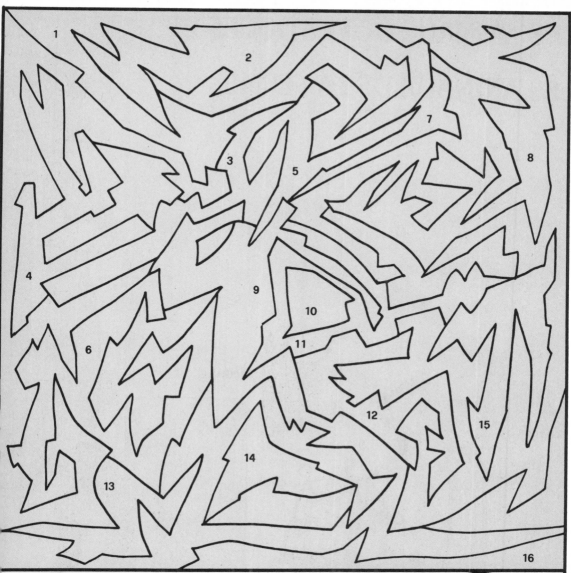

**Colorie les parties numérotées uniquement si le numéro correspond à l'un des objets dessinés.**

1. luge
2. télésiège
3. téléphérique
4. crampon
5. sapin
6. bonnet
7. piolet
8. skieur
9. bonhomme de neige
10. grimpeur
11. bâtons
12. écharpe
13. chaussures de ski
14. cabane (refuge)
15. gants
16. skis

**Que représente le dessin qui apparaît?**

...........................................................................

65

# LES ANIMAUX DOMESTIQUES ET LES ANIMAUX DE LA FERME

la perruche

l'écureuil

le canari

le hamster

le chat

les chatons

les poissons rouges

le chiot

le chien

la tortue

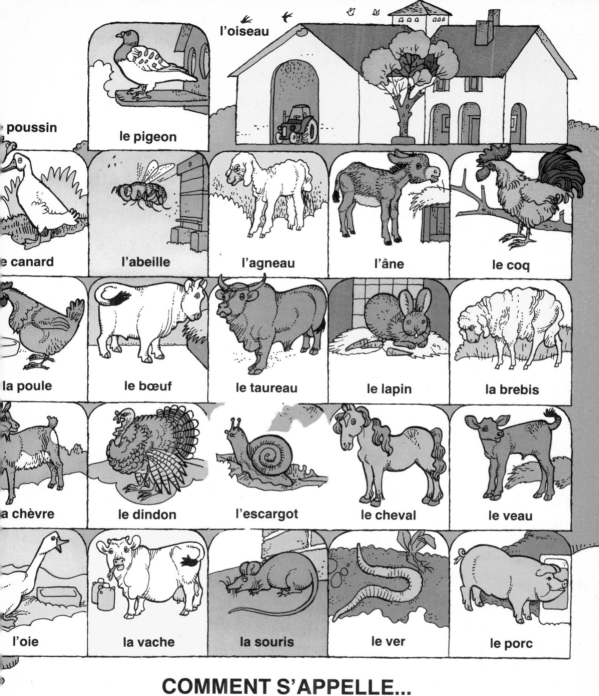

l'oiseau

poussin

le pigeon

le canard

l'abeille

l'agneau

l'âne

le coq

la poule

le bœuf

le taureau

le lapin

la brebis

la chèvre

le dindon

l'escargot

le cheval

le veau

l'oie

la vache

la souris

le ver

le porc

# COMMENT S'APPELLE...

1. L'insecte qui fait du miel? .................................

2. L'animal qui a sa maison sur le dos?

.................................................................

3. Une bête couverte de laine? .........................

4. Un oiseau jaune? .............................................

5. Un rongeur que les chats aiment chasser?

.................................................................

6. La bête qui nous donne du lait? .................

.................................................................

7. Un animal qui sert au travail mais aussi aux courses? ...........................................................

8. Le petit du chien? ............................................

9. Un animal connu pour sa lenteur? ............

.................................................................

10. Le petit de la poule? .......................................

aile

bec

Observe bien les douze animaux représentés. Certains d'entre eux sont dessinés avec une erreur. Trouve les erreurs et dis quels sont les animaux qui sont dessinés correctement.

serres

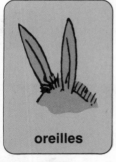

oreilles

# ERREURS    ANIMAUX

1. ................................    ................................

queues

trompe

2. ................................    ................................

3. ................................    ................................

4. ................................    ................................

5. ................................    ................................

6. ................................    ................................

crinière

cornes

7. ................................    ................................

8. ................................    ................................

9. ................................    ................................

10. ................................    ................................

moustaches

sabots

Les animaux dessinés correctement sont: ................................................

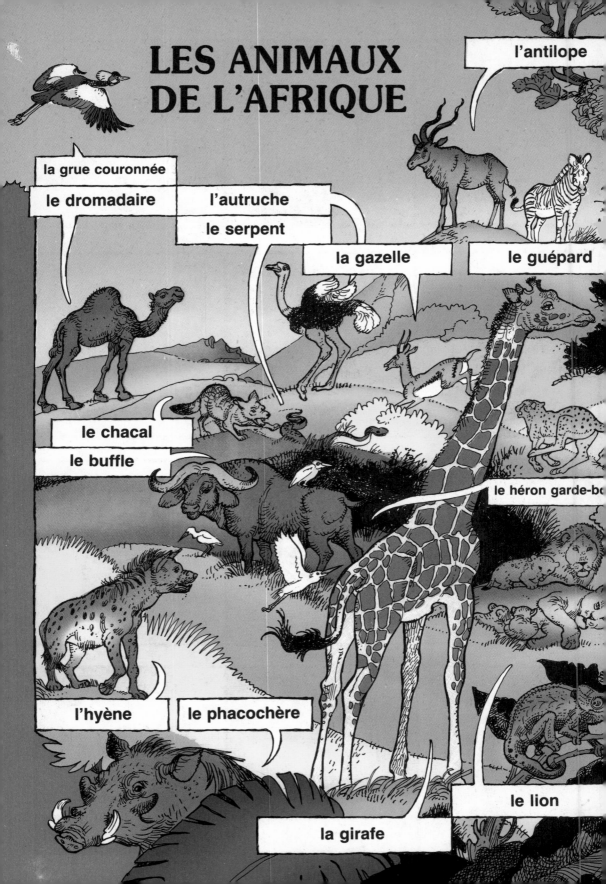

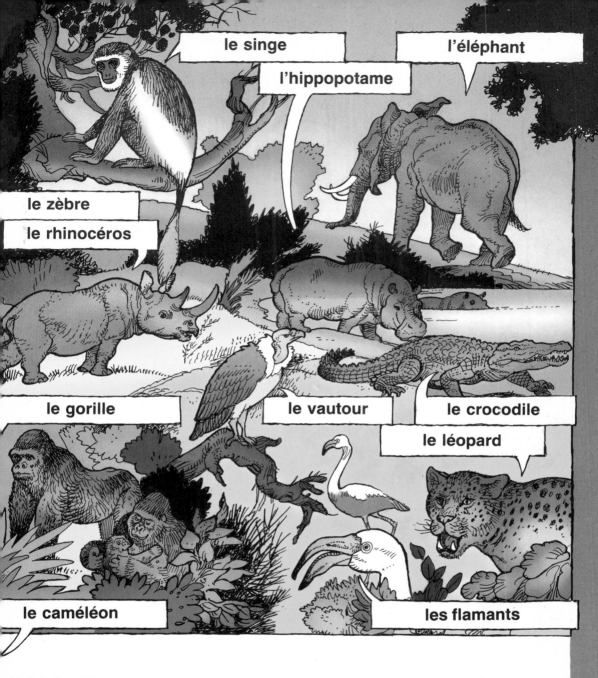

le singe

l'hippopotame

l'éléphant

le zèbre

le rhinocéros

le gorille

le vautour

le crocodile

le léopard

le caméléon

les flamants

## Voici dix affirmations. Réponds "vrai" ou "faux" à chacune.

1. Le léopard a des rayures sur la peau ..................

2. Le dromadaire a deux bosses ...........................

3. Le lion est un félin ...............................

4. L'hippopotame a peur de l'eau ...........................

5. Le caméléon prend la couleur du lieu où il se trouve ...............................

6. Le zèbre ressemble à un cheval ..............................

7. Le rhinocéros a une corne sur le dos .................

8. La girafe est connue pour son long cou ............

9. Le gorille est de la famille des flamants

...................................

10. Le chacal a la taille d'un renard ...........................

plonger

nager

sauter

se cacher

ramper

chasser

flairer

se gratter

se balancer

nourrir

**Trouve l'animal d'après la définition et écris son nom dans l'espace réservé.**

1. C'est un oiseau qui ne sait pas voler
   ＿ ＿ ＿ ＿ ＿ ＿ ＿ ＿

2. C'est le plus rapide des félins
   ＿ ＿ ＿ ＿ ＿ ＿ ＿

3. Elle a de grandes cornes et court très vite ＿ ＿ ＿ ＿ ＿ ＿ ＿ ＿

4. Il vit dans le désert
   ＿ ＿ ＿ ＿ ＿ ＿ ＿ ＿ ＿ ＿

5. Il ressemble beaucoup à l'homme
   ＿ ＿ ＿ ＿ ＿ ＿

6. C'est une sorte de cochon sauvage
   ＿ ＿ ＿ ＿ ＿ ＿ ＿ ＿ ＿ ＿

7. Son allure ne la rend pas très sympathique ＿ ＿ ＿ ＿ ＿ ＿

8. Il vit aussi bien dans l'eau que sur la terre ferme ＿ ＿ ＿ ＿ ＿ ＿ ＿ ＿ ＿ ＿

9. C'est le plus grand des mammifères
   ＿ ＿ ＿ ＿ ＿ ＿ ＿ ＿ ＿

10. C'est un grand rapace qui se nourrit de charognes ＿ ＿ ＿ ＿ ＿ ＿ ＿

11. Il a un corps long et se déplace en rampant ＿ ＿ ＿ ＿ ＿ ＿ ＿ ＿

12. On dit qu'il est le roi des animaux
    ＿ ＿ ＿ ＿

**Retrouve le nom des neuf animaux différents qui composent cette étrange créature et écris leur nom dans l'espace réservé.**

1. B _ _ _ _ _

2. F _ _ _ _ _ _

3. G _ _ _ _ _

4. Z _ _ _ _

5. D _ _ _ _ _ _ _ _

6. A _ _ _ _ _ _ _

7. C _ _ _ _ _ _ _

8. C _ _ _ _ _ _ _ _

9. E _ _ _ _ _ _

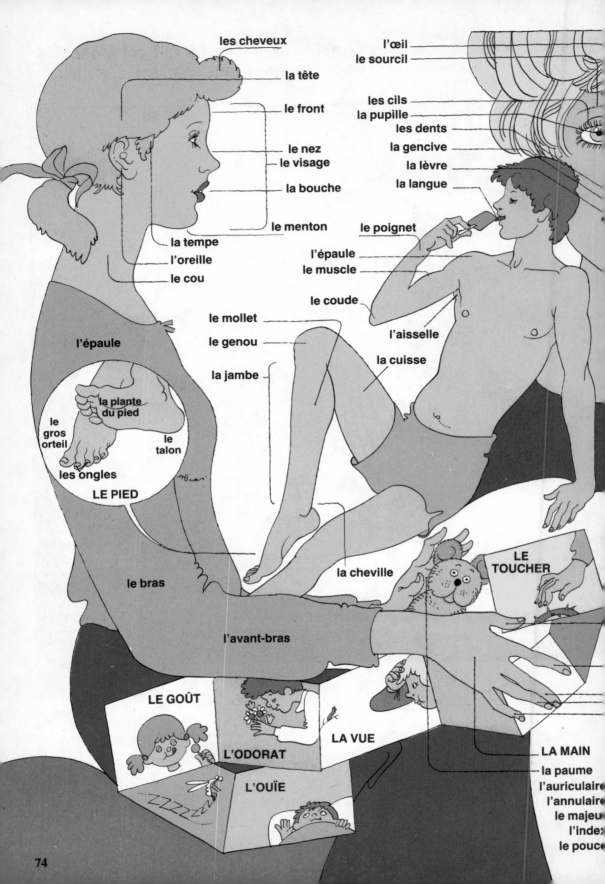

les cheveux

la tête

le front

le nez
le visage

la bouche

le menton

la tempe
l'oreille
le cou

l'œil
le sourcil

les cils
la pupille
les dents
la gencive
la lèvre
la langue

le poignet

l'épaule
le muscle

le coude

l'aisselle

la cuisse

l'épaule

le mollet
le genou

la jambe

la plante
du pied

le
gros
orteil

le talon

les ongles

**LE PIED**

la cheville

**LE TOUCHER**

le bras

l'avant-bras

**LE GOÛT**

**L'ODORAT**

**L'OUÏE**

**LA VUE**

**LA MAIN**

la paume
l'auriculaire
l'annulaire
le majeur
l'index
le pouce

74

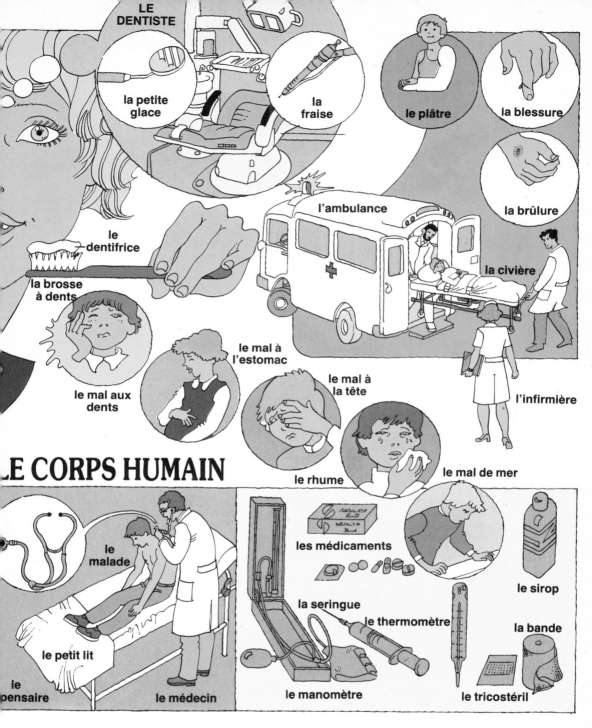

# LE CORPS HUMAIN

## À quel sens se rapporte:

1) La bouche? .....................................

2) La main? .....................................

3) La lèvre? .....................................

4) La pupille? .....................................

5) L'oreille? .....................................

6) La langue? .....................................

7) Le nez? .....................................

8) Le doigt? .....................................

**gros/maigre**

**beau/laid**

**fort/faible**

**grand/petit**

**blonde/brune**

**raides/frisés**

**gauche/droite**

**gaie/triste**

**jeune/vieux**

**longs/courts**

# VRAI OU FAUX?

**À toi de le dire, en t'aidant du vocabulaire de la page précédente.**

|  | VRAI | FAUX |
|---|---|---|
| 1. Le docteur utilise le thermomètre pour visiter les poumons de son patient ..... | ☐ | ☐ |
| 2. Le dentiste utilise le petit miroir .......... | ☐ | ☐ |
| 3. Le poignet est une partie du bras ....... | ☐ | ☐ |
| 4. Quand tu te coupes le doigt, tu y mets un cachet ........................................ | ☐ | ☐ |
| 5. Quand tu as mal aux dents tu vas chez le dentiste ...................................... | ☐ | ☐ |
| 6. Quand tu as un rhume tu utilises une bande ............................................ | ☐ | ☐ |
| 7. La tempe est une partie de la jambe . | ☐ | ☐ |
| 8. Le talon est une partie du pied ............ | ☐ | ☐ |
| 9. Quand tu te casses un bras on te met un tricostéril ................................... | ☐ | ☐ |
| 10. L'aisselle est située sous le bras ........ | ☐ | ☐ |
| 11. La fraise est l'un des instruments qu'utilise le dentiste ......................... | ☐ | ☐ |

**Écris ci-dessous les différentes parties du corps humain représentées, en les ordonnant, de la partie la plus haute à la partie la plus basse.**

1. _ _ _ _ _ _ _ _
2. _ _ _ _ _ _ _ _
3. _ _ _
4. _ _ _
5. _ _ _ _
6. _ _ _ _ _ _
7. _ _ _
8. _ _ _ _ _ _
9. _ _ _ _ _ _
10. _ _ _ _ _
11. _ _ _ _ _ _
12. _ _ _ _ _
13. _ _ _ _ _ _
14. _ _ _ _ _ _ _ _
15. _ _ _ _

**Parmi les adjectifs suivants, quatre seulement ont un rapport avec cet homme. Trouve - les et écris - les dans ce cadre.**

BEAU - MAIGRE - FORT - LAID
PETIT - GROS - FAIBLE - GRAND

1. ...............................................
2. ...............................................
3. ...............................................
4. ...............................................

# LES SPORTS

les réflecteurs

le gardien de but

les footballeurs

le terrai[n]

LE FOOTBALL

le but

le corner

LE BASKET-BALL

1

2

L'ÉQUITATION

le manège

la piste

LE CYCLISME

LE TEN[NIS]

le filet

9

8

L'ESCRIME

le patinage à roulettes

le court

LA GYMNASTIQUE

10

l'athlète

LA COURSE

1. le ballon
2. les joueurs
3. le nageur

4. les jambières de hockey
5. la crosse de hockey
6. les boxeurs

7. les gants de boxe
8. le fleuret
9. le masque

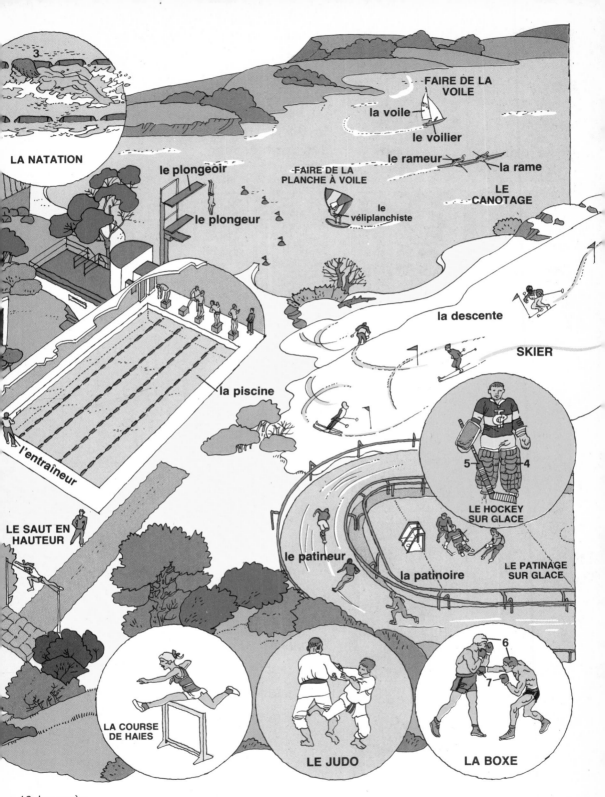

LA NATATION

LA NATATION

FAIRE DE LA VOILE

la voile

le voilier

le rameur

la rame

le plongeoir

le plongeur

FAIRE DE LA PLANCHE À VOILE

le véliplanchiste

LE CANOTAGE

la descente

SKIER

la piscine

l'entraîneur

5      4

LE HOCKEY SUR GLACE

LE SAUT EN HAUTEUR

le patineur

la patinoire

LE PATINAGE SUR GLACE

6

7

LA COURSE DE HAIES

LE JUDO

LA BOXE

10. les agrès

faire de la gymnastique

se plier en avant

Retrouve dans cette grille les 22 mots écrits ci-dessous. Tu peux les chercher de gauche à droite, de droite à gauche, de haut en bas, de bas en haut, dans le sens horizontal, vertical ou oblique. Les lettres restantes te donneront le nom d'un sport pratiqué avec une crosse.

lancer la balle

attraper la balle

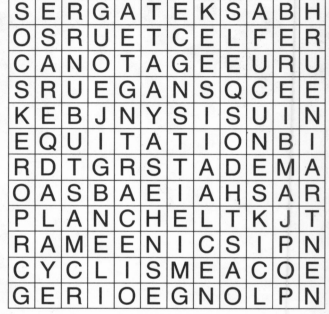

| S | E | R | G | A | T | E | K | S | A | B | H |
| O | S | R | U | E | T | C | E | L | F | E | R |
| C | A | N | O | T | A | G | E | E | U | R | U |
| S | R | U | E | G | A | N | S | Q | C | E | E |
| K | E | B | J | N | Y | S | I | S | U | I | N |
| E | Q | U | I | T | A | T | I | O | N | B | I |
| R | D | T | G | R | S | T | A | D | E | M | A |
| O | A | S | B | A | E | I | A | H | S | A | R |
| P | L | A | N | C | H | E | L | T | K | J | T |
| R | A | M | E | E | N | I | C | S | I | P | N |
| C | Y | C | L | I | S | M | E | A | C | O | E |
| G | E | R | I | O | E | G | N | O | L | P | N |

tirer la corde

☐ patinage
☐ agrès
☐ gymnastique
☐ canotage
☐ basket
☐ cyclisme
☐ équitation
☐ plongeoir
☐ ski
☐ haie
☐ buts

☐ rame
☐ natation
☐ stade
☐ entraîneur
☐ piscine
☐ planche
☐ nageurs
☐ réflecteurs
☐ judo
☐ brasse
☐ jambière

shooter/ tirer

garder les buts

soulever

viser

_ _ _ _ _ _ _   _ _ _   _ _ _ _ _ _

80

Complète les mots correspondant à chaque sport illustré dans chaque vignette. Ensuite, en prenant chaque lettre qui se trouve dans ces vignettes, tu trouveras le nom d'une discipline sportive.

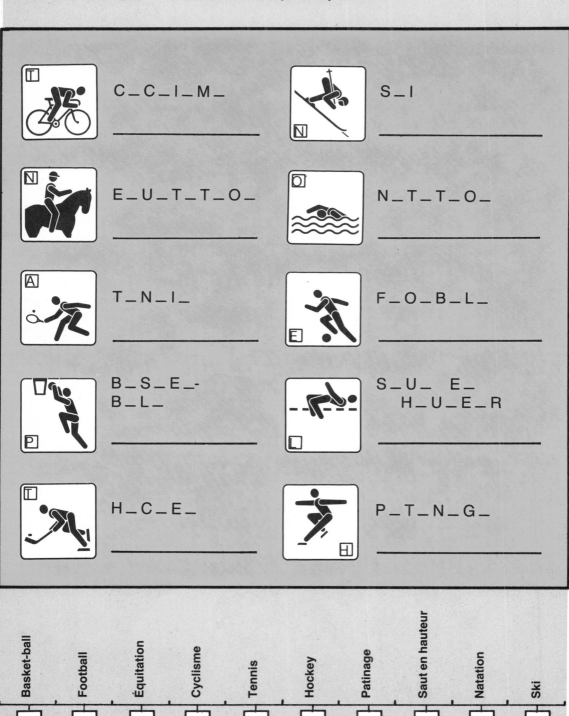

C _ C _ I _ M _

_____

S _ I

_____

E _ U _ T _ T _ O _

_____

N _ T _ T _ O _

_____

T _ N _ I _

_____

F _ O _ B _ L _

_____

B _ S _ E _ -
B _ L _

_____

S _ U _  E _
H _ U _ E _ R

_____

H _ C _ E _

_____

P _ T _ N _ G _

_____

Basket-ball   Football   Équitation   Cyclisme   Tennis   Hockey   Patinage   Saut en hauteur   Natation   Ski

# PENDANT L'ÉTÉ

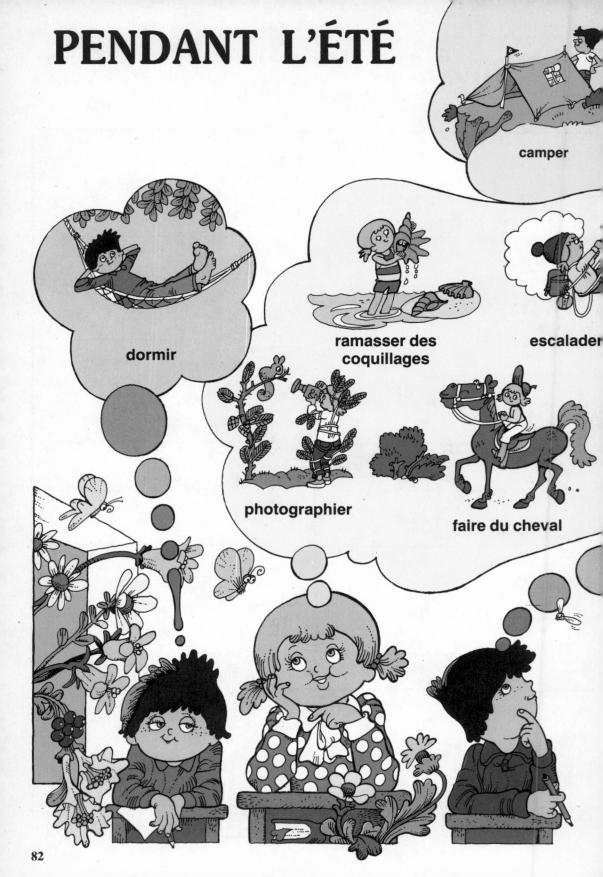

camper

dormir

ramasser des coquillages

escalader

photographier

faire du cheval

**...uter de la ...usique**     **lire**     **faire de la gymnastique**     **peindre**

**pédaler**     **jouer d'un instrument**     **ramer**

**prendre des bains de soleil**     **nager**     **pêcher**

**se promener**     **faire un pique-nique**     **cueillir des champignons**

## Complète chaque phrase avec les actions ci-dessous qui correspondent:

1. Un enfant très actif ....................................................................................

2. Un enfant calme ........................................................................................

3. Un enfant qui aime la nature ......................................................................

4. Un enfant qui aime l'art .............................................................................

A) écouter de la musique, B) lire, C) ramasser des coquillages, D) faire du cheval,
E) pédaler, F) peindre, G) jouer d'un instrument, H) pêcher, I) escalader, J) prendre des bains de soleil, K) nager, L) camper, M) dormir, N) faire de la gymnastique.

aube

couchant

**Si tu as lu attentivement le vocabulaire de la page précédente, tu dois être capable de compléter les phrases ci-dessous.**

jour/nuit

soleil

L'été, lorsque tu es en ......................................... ,

tu peux aller à la ........................... ou à la

........................... selon tes goûts. Sur la

plage, tu peux ........................... ...........................

........................... ou te ........................... .

Les plus sportifs peuvent ...........................

ou ........................... . Les autres se reposent

étendus sur le sable et prennent des ...........

........................... .

lune

étoiles

La montagne offre aussi de nombreux

divertissements. Tu peux aller ...........................

une paroi rocheuse, et profiter de cette

occasion pour ........................... des

animaux ou des fleurs rares. Si tu aimes le

grand air, tu peux aller ...........................

nuageux

mer

chaise-longue

parasol

........................... ou ........................... sur

les chemins de campagne.

**Complète ce récit en résolvant les anagrammes, en complétant les mots où manquent des lettres et en écrivant le nom des dessins représentés.**

En   é _ é   le     _ _ _ _ _ _   est

d h u c a   _ _ _ _ _ _   et il est très agréable de

_ _ _ _ _ _ _   au bord de la   m _ r.

Là, on peut   c e p h e r,   _ _ _ _ _ _ _,

_ _ _ _ _ _ _   _ _ _ _ _ _ _ _ _ _ _

_ _ _ _ _ _ _, n _ g _ r, de l'   _ _ _ _   au

t a u c o n c h   _ _ _ _ _ _ _ _.   Si le temps est

_ _ _ _ _ _ _   on peut

l _ r _   ou se   _ _ _ _ _ _ _ _.

On peut   d _ r _ i _   à la belle     _ _ _ _ _ _

au clair de     _ _ _ _

sans avoir   d o r i f   _ _ _ _ _   et se   l e i l e r v r e

_ _ _ _ _ _ _ _ _   au chant des     _ _ _ _ _ _ _.

# Index des mots illustrés

Voici un index alphabétique de tous les mots illustrés dans ce livre. A côté de chaque mot tu peux trouver le numéro de la ou des pages où se trouvent les illustrations de ces mots. Si tu ne te rappelles pas certains mots, tu peux les relire sur les pages illustrées.

# SOLUTIONS

**ge 7:** 1. faux, 2. faux, 3. vrai, 4. faux, 5. vrai, 6. faux, faux, 8. faux, 9. vrai.

**ge 8:** Neige.

**ge 9:** Le ciel est bleu, Les arbres sont verts, La ige est blanche, Les nuages sont roses, Les mongnes sont violettes, Les roches sont grises, Les issons sont jaunes, Les fleurs sont rouges.

**ge 10 et 11:** 1. Lorsque tu dois prendre le train tu s à la gare, 2. Tu vas au théâtre pour voir un spec-le, 3. Il est plus prudent de traverser la rue sur le ssage clouté, 4. Les piétons marchent sur le trot-r, 5. L'antenne est sur le toit de la maison, 6. Lors-e tu vas faire des achats, tu regardes les vitrines, Les journaux sont vendus au kiosque, 8. Le gratte-el est un immeuble qui a beaucoup d'étages, 9. Les ns se marient à la mairie, 10. Lorsque tu n'as plus essence, tu vas à la pompe à essence.

**ge 12:** Pompe à essence.

**ge 13:** *Jeu A:* marcher, photographier, visiter un usée, traverser, parquer, poster une lettre, rencon-r, jeter au panier.
*u B:* 1. jeter, 2. rencontrer, 3. parquer, 4. photogra-ier, 5. poster, 6. visiter, 7. courir, 8. marcher.

**ge 16:** *Horizontal:* 1. tour de contrôle, 2. piste, passeport, 4. aéroport, 5. auvent, 6. siège, 7. rails, hangar, 9. avion, 10. hublot, 11. filet. *Vertical:* hôtesse, 2. couloir, 3. fenêtre, 4. air, 5. autobus, pilote, 7. train, 8. voie, 9. tunnel, 10. signaux, . valise, 12. ailes.

**ge 17:** J'ai préparé ma valise et j'ai pris mon pas-port. Ensuite je prendrai un autobus jusqu'à l'aéro-rt. J'aime regarder par les hublots de l'avion et ôtesse est toujours gentille! J'aimerais être un ote ou travailler à la tour de contrôle. Oh, non! J'ai blié mon billet.

**ge 19:** 1. dans le thermos, 2. dans le portefeuille, dans le sac à main, 4. dans la malle, 5. dans le rte-monnaie, 6. dans la cage, 7. dans le sac en pier, 8. dans la valise, 9. dans la cage.

**ge 20:** Voyage-Auto-stop.

**ge 21:** Une voiture.

**ge 23:** crémière/vendre, jardinier/planter, barman/rvir, maçon/construire, policier/surveiller, balayeur/layer, dactylo/taper à la machine, secrétaire/rédiger, andardiste/répondre au téléphone, pompiste/faire plein, mécanicien/réparer, boulanger/enfourner, auffeur/conduire, cuisinier/cuisiner, caissière/caisser, charpentier/scier.

**ge 24:** 1. charpentier, 2. maçon, 3. actrice, 4. plom-er, 5. boulanger, 6. électricien, 7. ménagère, 8. profes-ur, 9. architecte, 10. mécanicien, 11. *photographe.*

**ge 25:** 1. L'architecte fait le projet d'un pont; il uti-e une règle et une équerre 2. Le mécanicien répare moteur avec la clé 3. Le pompiste remplit le réser-ir de la voiture avec la pompe à essence 4. La énagère achète les provisions au supermarché et s met dans un sac 5. Le policier règle la circulation ns la ville et il siffle dans son sifflet.

**Page 27:** Dans les grandes villes modernes, il y a beaucoup de gratte-ciel qui ont souvent plus de 50 étages. Le toit de ces immeubles est plat et on y trouve des jardins suspendus et des piscines. En fin de semaine, certains habitants prennent leur cara-vane ou leur camping-car. D'autres vont dans leur maison de campagne ou à la montagne. Si la route est longue, ils peuvent s'arrêter dans un motel où il y a presque toujours un garage pour les véhicules.

**Page 28:** *Jeu A:* 1. peu, 2. sombre, 3. sale, 4. propre, 5. beaucoup, 6. petit, 7. neuf, 8. froid, 9. étroit, 10. ordonné, 11. rond, 12. grand, 13. court.
*Jeu B:* 1. neuve , 2. propre, 3. beaucoup, 4. long, 5. désordonnée.

**Page 29:** 1. terrasse, 2. immeuble, 3. caping-car, 4. refuge, 5. piscine, 6. hôpital, 7. château, 8. garage, 9. jardin, 10. ferme, 11. motel, 12. marquise, 13. cara-vane, 14. gratte-ciel.

**Page 30 et 31:** *cuisine:* réfrigérateur/évier/cuisinière/tasse; *entrée:* porte/porte de derrière/escalier/miroir; *salle de bains:* bidet/baignoire/cabinet/douche; *chambre à coucher:* table de nuit/lit/lampe de chevet/penderie; *extérieur:* paillasson/garage/marches/mur; *séjour:* fauteuil/téléviseur/cheminée/table basse.

**Page 32:** 1. Pour te laver les dents, tu utilises une: brosse à dents 2. Quand il fait très chaud, tu ouvres les: fenêtres 3. Avant d'entrer dans la maison tu essuies tes pieds sur le: paillasson 4. Pour te coiffer, tu utilises un: peigne 5. Tu dors dans la: chambre à coucher 6. Le matin tu fais ta toilette dans la: salle de bains 7. Quand tu veux lire dans ton lit, tu allumes la: lampe de chevet 8. Lorsque des invités viennent manger chez toi, vous vous installez dans la: salle à manger 9. Quand tu veux regarder la télévision, tu t'installes dans un: fauteuil 10. Ta maman conserve les aliments dans le: réfrigérateur 11. Ton papa met la voiture dans le: garage.

**Page 33:** 1. La lampe est sous le téléviseur 2. La tasse est entre la fenêtre et la plante 3. Le peigne est au-dessus du rideau 4. La brosse est entre la plante et le téléviseur 5. La brosse à dents est sous le canapé.

**Page 35:** 1. Avec le couteau 2. Avec la serviette 3. Avec la cuiller 4. Avec le verre 5. Avec l'huile et le vinaigre 6. Avec le plateau 7. Avec la nappe 8. Avec la fourchette.

**Page 36:** 1. faux, 2. faux, 3. faux, 4. faux, 5. vrai, 6. vrai, 7. faux, 8. faux, 9. vrai, 10. vrai.

**Page 37:** 1. caisse, 2. menu, 3. huile et vinaigre, 4. verre, 5. barman, 6. couteau, 7. serviette, 8. cuiller, 9. fourchette, 10. pain.

**Page 39:** 1. dans le portefeuille, 2. dans le sac, 3. dans la caisse, 4. sur les rayons, 5. dans le chariot, 6. dans le sac en plastique.

**Page 40:** *Horizontal:* 1. boissons, 2. argent, 3. phar-macie, 4. supermarché, 5. rayon, 6. surgelés, 7. ali-ment, 8. boîte, 9. vendeur. *Vertical:* 1. entrée, 2. balance, 3. fleuriste, 4. clients, 5. épicerie, 6. caissière.

7. boucherie, 8. sortie, 9. caisse, 10. tiroir, 11. chariot.

**Page 43:** Chaque matin, les ménagères vont faire leur marché. Selon la saison, elles peuvent acheter différentes choses. En automne, les fruits plus répandus sont les poires, le raisin, et les châtaignes, que l'on peut faire rôties. En hiver, elles achètent des carottes, des pommes de terre, de la courge, des oignons, (qui font pleurer les yeux), pour faire de bonnes soupes. En été, elle préfèrent acheter des tomates et des laitues pour faire de bonnes salades, et des pêches, des melons qui sont très rafraîchissants. Pour les gourmands, elles passent à la pâtisserie pour acheter des gâteaux et des chocolats. Elles achètent aussi, parfois du saucisson pour faire des sandwiches.

**Page 44:** Gâteaux de soirée.

**Page 45:** Le poissonnier.

**Page 47:** Aujourd'hui, c'est la rentrée des classes. Benoît est accueilli par le surveillant qui fait rentrer les élèves. Il découvre sa salle de classe et l'enseignant, Monsieur Durand, assis à son bureau. Prenant place à sa table, Benoît ouvre son cartable et en sort un beau cahier tout neuf! Monsieur Durand a pendu sa veste au portemanteau. Il est maintenant assis sur sa chaise. Le calendrier annonce la date du 12 septembre, écrite aussi au tableau. Benoît pourra emprunter des livres dans la bibliothèque. Il utilisera son dictionnaire pour y rechercher les mots difficiles. La carte géographique et la mappemonde l'aideront à étudier la géographie.

**Page 48:** 1. dictionnaire, 2. calendrier, 3. cahier, 4. étudiant, 5. table, 6. livres, 7. cartable, 8. mappemonde, 9. portemanteau, 10. surveillant, 11. bibliothèque.

**Page 49:** A-7, B-1, C-8, D-2, E-5, F-6, G-3, H-4.

**Page 51:** a) le dactylo, b) le directeur, c) l'employé, d) la standardiste, e) le coursier, f) la secrétaire.

**Page 52:** 1. Le directeur présente le nouvel employé 2. La standardiste compose un numéro de téléphone 3. Le dactylo doit taper à la machine une lettre urgente 4. Le directeur est au téléphone. Je vous en prie, asseyez-vous! 5. J'ai travaillé toute la journée; je suis fatigué 6. La secrétaire arrive chaque matin à 8 heures; elle est toujours ponctuelle 7. Le soir, tous les employés vont chez eux 8. Il est 9 heures et quart; je vais être en retard 9. Le coursier vient chaque jour au bureau 10. Il attend debout qu'on lui donne une lettre à porter.

**Page 53:** Secrétaire.

**Page 55:** 1. Quand il pleut, les gens portent un imperméable 2. L'hiver, nous portons un manteau 3. Pour skier, je porte un anorak 4. Si on a mal à la gorge, on porte une écharpe 5. En moto, mon frère porte un blouson de cuir 6. À la plage, vous portez un bermuda 7. Mais à la campagne, vous portez un pantalon 8. Sous un grand soleil, maman porte un chapeau 9. S'il y a du vent qui décoiffe, tu portes un foulard.

**Page 56:** Imperméable.

**Page 57:** A. L'anorak et les bottes B. L'imperméable et les chaussures C. Le manteau et le chapeau D. La veste et le pantalon E. Le foulard et le cardigan F. La chemise et la cravate.

**Page 59:** *Jeu A:* loin - près, sur - sous, en haut - en

bas, avec - sans, devant - derrière, dans - hor autour - entre.

*Jeu B:* 1. à travers, 2. en, 3. du, 4. au dessus, 5. le long

**Page 61:** *Jeu A:* 1. dormir, 2. sortir de la maiso 3. aller se coucher, 4. travailler, 5. se lever, 6. rentre à la maison, 7. prendre son petit déjeuner, 8. regarde la télévision, 9. déjeuner.

*Jeu B:* A-5, B-7, C-2, D-4, E-9, F-6, G-8, H-3, I-1.

**Page 63:** 1. le remonte-pente, 2. la luge, 3. le télé siège, 4. le traîneau, 5. le téléphérique, 6. les skis.

**Page 64:** 1. remonte-pente, 2. écharpe, 3. télésiège 4. patinoire, 5. auto-chenille, 6. skis, 7. neige, 8. pi let, 9. anorak, 10. luge, 11. gants, 12. traîneau.

**Page 65:** Un skieur.

**Page 67:** 1. l'abeille, 2. l'escargot, 3. la brebis, 4. canari, 5. la souris, 6. la vache, 7. le cheval, 8. le chic 9. la tortue, 10. le poussin.

**Page 68:** 1. Les pattes du chien 2. Les oreilles du cc 3. Les cornes du cheval 4. La queue de l'escarg 5. Le bec du poisson 6. Les moustaches de la tortu 7. Les pattes de la poule 8. Les ailes du lapin 9. L trompe de la vache 10. La crinière de l'agneau/Le animaux dessinés correctement sont: l'oie et l'oiseau

**Page 71:** 1. faux, 2. faux, 3. vrai, 4. faux, 5. vra 6. vrai, 7. faux, 8. vrai, 9. faux, 10. vrai.

**Page 72:** 1. autruche, 2. guépard, 3. gazelle, 4. dro madaire, 5. singe, 6. phacochère, 7. hyène, 8. croc dile, 9. éléphant, 10. vautour, 11. serpent, 12. lion.

**Page 73:** 1. buffle, 2. flamant, 3. girafe, 4. zèbre 5. dromadaire, 6. autruche, 7. caméléon, 8. crocodil 9. éléphant.

**Page 75:** 1. le goût, 2. le toucher, 3. le goût, 4. la vu 5. l'ouïe, 6. le goût, 7. l'odorat, 8. le toucher.

**Page 76:** 1. faux, 2. vrai, 3. vrai, 4. faux, 5. vrai, 6. fau 7. faux, 8. vrai, 9. faux, 10. vrai, 11. vrai.

**Page 77:** *Jeu A:* 1. cheveux, 2. sourcils, 3. œil, 4. ne 5. dent, 6. menton, 7. cou, 8. épaule, 9. coud 10. main, 11. cuisse, 12. genou, 13. mollet, 14. ch ville, 15. pied.

*Jeu B:* 1. fort, 2. laid, 3. gros, 4. grand.

**Page 80:** Hockey sur glace.

**Page 81:** cyclisme, équitation, tennis, basket-ba hockey, ski, natation, football, saut en hauteur, pa nage/*pentathlon*.

**Page 83:** 1. D-E-I-K-N, 2. A-B-J-M, 3. C-H-L-I, 4. F-G-A

**Page 84:** L'été, lorsque tu es en vacances, tu peu aller à la mer ou à la campagne selon tes goûts. Sur plage, tu peux ramasser des coquillages ou te prome ner. Les plus sportifs peuvent nager ou ramer. Le autres se reposent étendus sur le sable et prenne des bains de soleil. La montagne offre aussi de non breux divertissements. Tu peux aller escalader un paroi rocheuse, et profiter de cette occasion po photographier des animaux ou des fleurs rares. Si aimes le grand air, tu peux aller faire du cheval pédaler sur les chemins de campagne.

**Page 85:** En été le soleil est chaud et il est très agré ble de camper au bord de la mer. Là, on peut pêch prendre des bains de soleil, nager, de l'aube au co chant. Si le temps est nuageux on peut lire ou se pr mener. On peut dormir à la belle étoile au clair de lur sans avoir froid et se réveiller au chant des oiseau

# Index